KB066972

생명을 연주하는 오케스트라

신진대사

그림으로 알기 쉽게 풀이한
신진대사 이야기

생 명 을 연 주 하 는 오 케 스 트 라

신진대사
Metabolism

글/그림 홍동주

신진대사율을 높여라

'건강한 삶'은 모든 이가 염원하는 바입니다. 장수(長壽)를 기원하는 소망에도 건강한 삶을 바라는 마음이 담겨 있습니다. 하지만 그것이 그리 녹록치 않습니다. 건강한 삶을 위협하는 내외적 요소가 너무 많기 때문입니다. 인류가 탄생한 이후 현대인은 문화적 풍요를 가장 많이 누리고 있지만 동시에 위험 요소도 가장 많이 떠안고 있습니다. 이제 건강한 삶은 희망사항이 되어버렸고, 우리는 언제 닥칠지 모르는 질병을 피하려 애쓰며 도망자처럼 사는 현실이 되어버렸습니다.

대표적으로 암, 당뇨, 고혈압, 관절염, 피부질환, 신장투석 등에 시달리는 사람이 계속해서 늘어나고 있습니다. 수많은 사람이 질병으로 인해 고통을 받고 있는 것입니다. 병원마다 환자들로 넘

처나고 심지어 언제 생을 마감할지 몰라 두려움에 떠는 환자들도 많습니다.

특히 소아암 병동에는 젊음의 꽃을 채 피워보지도 못하고 시들어가는 수많은 어린 생명의 안타까운 사연이 가득합니다. 이 모든 문제는 대체 어디서부터 시작된 것일까요?

현대인에게 나타나는 거의 모든 증상은 '대사성질환'의 결과물입니다. 다시 말해 대부분의 질환이 잘못된 식습관에서 비롯된 것입니다. 식원성증후군(食原性症候群)의 원인도 여기에 있습니다. 우리에게 익숙한 질환의 90퍼센트 이상이 대사성질환입니다.

그래서 그릇된 생활습관이나 식습관을 바로잡지 않으면 그 고통에서 빠져나올 수 없습니다. 아마도 평생 약에 의존하며 살고 싶은 사람은 없을 것입니다. 그럼에도 불구하고 많은 사람이 올바른 생활을 선택하기보다 현대의학과 약물을 맹신하며 거기에 의존합니다. 이러한 자세는 우리 몸에 스트레스를 안겨줄 뿐 아니라 심지어 몸을 학대하거나 혹사시키는 것과 다름없습니다.

약의 노예가 되지 마십시오. 대사성질환은 올바른 생활습관으로 바로잡을 수 있으므로 이를 정확히 인지하고 문제를 해결하기 위해 노력해야 합니다.

올바른 생활습관이란 절제된 자세를 의미하지만 좀 더 넓게 바라보면 '올바른 식생활'이라고 할 수 있습니다. 대사성질환이 음식 문화에서 비롯되기 때문입니다. 현대의학의 아버지라 불리는 히포크라테스는 "음식으로 고치지 못하는 질병은 약으로도 고칠 수 없다"라고 말했습니다. 이 말은 음식이 병을 만들기도 하고 또 생긴 질병을 치료할 수도 있다는 뜻입니다. 결국 생활습관에서 가장 중요한 것은 식생활이라고 할 수 있습니다.

올바른 식생활이란 양질의 영양을 균형 있게 섭취하는 것을 말합니다. 여기서 양질의 영양은 혀에 길들여진 맛이 아니라 신진 대사(新陳代謝, Metabolism)를 높여주는 건강식을 의미합니다. 우리는 매일 양질의 건강식을 찾아 몸 안에 넣어줄 필요가 있습니다. 그 이유는 우리 모두에게 각자의 몸을 건강하게 관리하고 유지할 의무와 책임이 있기 때문입니다.

신진대사는 우리가 섭취한 영양소가 효소 반응을 통해 분해·이동·흡수되고, 나머지는 저장 및 배출되는 일련의 시스템입니다. 만약 이 과정 중에 하나라도 문제가 발생하면 시스템이 망가지고 몸은 병들기 시작합니다.

예를 들어 단백질이 위산이나 효소 부족으로 몸 안에서 잘 분해되지 않으면 몸에 '질소산화물'이라는 부산물이 많이 생성됩니다. 이 경우 몸에 독이 발생합니다. 이때 배출을 담당하는 대장에 가스가 많이 차면서 냄새가 지독한 방귀가 나오고 해독을 담당하는 간에 부담이 더해집니다.

특히 간질환을 앓는 사람은 더욱더 주의해야 합니다. 간이 독을 제대로 해독하지 못해 눈이나 피부에 황달이 심해지고 간성혼수가 발생할 수도 있기 때문입니다. 이는 대사 과정의 한 부분에서 발생한 문제로 벌어지는 일입니다. 결국 대사는 매우 중요한 생명의 중추라고 할 수 있습니다.

대사가 잘 이뤄지게 하려면 여러 가지 영양을 균형 있게 섭취해야 합니다. 《죽은 의사는 거짓말을 하지 않는다》의 저자이자 노벨의학상 예비 수상자였던 조엘 웰렉(Joel D. Wallach) 박사는 이렇게 말했습니다.

"신체 건강을 위해서는 매일 90여 가지의 영양을 섭취해야 한다. 그래야 신진대사가 좋아져 건강한 삶을 누릴 뿐 아니라 여러 가지 대사성증후군을 치료할 수 있다."

하지만 우리의 식탁은 이 모든 영양을 담아내지 못하고 있습니다. 아무리 많이 먹어도 혹은 잘 먹어도 우리는 50가지 이상의 영양을 섭취할 수 없습니다. 그 이유는 땅의 오염으로 식재료에 들어 있는 영양분이 과거에 비해 형편없는 수준이기 때문입니다. 웰렉 박사는 현대인이 부족한 영양을 몸에 공급하려면 별도로 건강식품을 섭취해야 한다고 주장했는데, 나는 여기에 절대적으로 동감합니다.

건강한 삶을 원한다면 건강한 영양을 섭취해야 합니다. 이를 위해 우리는 인체 내에서 신진대사가 어떻게 작용하고 또 어떤 영양소가 서로 협력하는지 알 필요가 있습니다. 왜냐하면 우리는 모두 건강한 삶을 지향하기 때문입니다.

제2장 신진대사 이야기

차 례

제5장   대사증후군의 종류와 원인

66

인체의 각 기관이 하는 일은 언뜻 복잡해 보이지만,
그 모든 활동은 결국 신진대사를 위한 것입니다.
다시 말해 그것은 모두 대사를 통해
생명을 유지하기 위한 일입니다.

99

제1장

그림으로 보는
신진대사

1 식물영양소

대사를 위해서는 천연원료가 필요합니다. 자연에서 나고 자란 식물에는 인체에 유익한 영양소가 다량 존재합니다. 이것을 식물영양소, 즉 **피토케미컬**이라고 부릅니다.

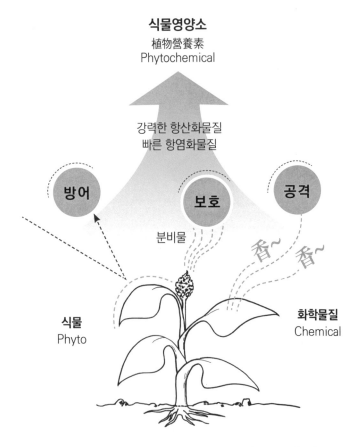

▶ 식물을 뜻하는 피토(phyto)와 화학을 의미하는 케미컬(chemical)의 합성어인 **피토케미컬**은 식물생리활성영양소 혹은 **식물내재영양소**라고도 불린다. 영양식품 중에서도 식물내재영양소로 만든 것은 최고로 꼽힌다.

2 식물에 함유된 유효 성분

자연의 먹이사슬 관계에서 스스로를 보호하기 위한 식물의 색상, 향, 분비물은 독(毒)이면서도 인체에 유익한 성분을 가득 함유하고 있습니다. 이것을 컬러 푸드(Color Food)라고 부르기도 합니다.

식물이 가지고 있는 유효 성분들

 붉은색 토마토 노화 방지, 혈액순환 – 리코펜(Lycopene)

 녹색 대두 피로 회복, 신진대사 – 이소플라본(Isoflavone)

 주황색 당근 항암 능력, 항산화작용 – 베타카로틴(β-Carotene)

 보라색 블루베리 시력 회복, 안구 건강 – 안토시아닌(Anthocyanin)

 흰색 마늘 산화작용 억제, 유해물질 배출 – 알리신(Allicin)

 검정색 검은깨 노화 예방, 항산화작용, 골다공증 개선 – 세사몰(Sesamol)

인간 역시 자연의 일부이므로 우리는 자연에서 난 먹거리를 섭취하는 것이 좋습니다. 물론 천연과 합성은 외형상 그 차이를 알아보기 어렵지만 몸은 확실히 다르게 반응합니다.

천연과 합성의 차이

천연	자연의 식물	합성
유효 성분 검사		유효 성분 검사
식물 추출 연구		합성 배합 연구
제품 생산		제품 생산
몸에 이로움		몸에 해로움
GOOD		**BAD**

※ 뮌헨대학의 귄터 볼프람 교수 – "과일과 야채가 좋은 이유는 그 안에 함유된 각각의 물질 때문이 아니라 여러 가지 자연적인 성분이 적절히 조화를 이루고 있어서다."

※ FDA 발표 – "식품을 '자연'이라고 정의하기 어려운 까닭은 제조 과정을 거치면서 점점 자연산과 거리가 멀어지기 때문이다. 만약 식품에 색소나 가미제 및 합성물질을 사용하지 않는다면 이 용어를 사용하는 데 반대하지 않는다."

※ 2007년 2월 〈미국의사협회지〉는 비타민 A, 비타민 C, 비타민 E, 셀레늄, 베타카로틴 보충제를 먹는 사람은 전혀 먹지 않는 사람보다 사망률이 오히려 5퍼센트 높다고 설명했다.

4 식품의 등급

사람이 제각각 다르듯 식품도 그 나름대로 고유의 특성과 등급을 지니고 있습니다. 이러한 등급은 우리가 식품을 선택할 때 도움을 줍니다. 좋은 식품은 몸을 이롭게 하지만 그렇지 않은 식품은 반대로 해를 끼칠 수 있습니다.

식품의 등급

1$^+$ 등급 효소 활성화 상태의 피토뉴트리언츠(식물추출영양소) / Enzymatically Active Phytonutrients
- 100% Bioavailable(정맥 전 단계에서 100퍼센트 인체에 흡수된다.)

1 등급 식물추출영양소 / Phytonutrients
- 식물 속에 들어 있는 화학물질
- 식물이 스스로를 보호하기 위해 생성
- 항산화 및 세포 손상 억제 작용으로 건강 유지

2 등급 인공피토영양소 / Man-Made Artificial
- FDA는 실험실 연구 결과 식물에서 발견한 식물내재영양소가 암의 위험률 경감에 도움을 준다는 증거가 있으면 이에 대한 제한적인 주장을 허용한다.
- 식물 사이의 상호작용을 잘못 이해한 제약회사는 신체 내 상호조화를 창출하기 위해 수행하는 비타민, 미네랄, 피토케미컬 간의 효율적이고 정교한 상호작용을 무시한다.

3 등급 천연 및 자연 영양소 / Natural, 예: 굴껍질(Oyster Shell) 추출 칼슘
- 대부분 '%'로 표시함. (가령 78% 함유 등)
- 천연 추출은 특허 대상이 아니며 화학적으로 합성해야 특허 대상이다.

4 등급 합성영양소 / Synthetic
- 화학적으로 합성한 비타민이나 항산화제
- 특정 성분만 추출하는 것은 오히려 영양 균형을 깨트려 건강에 부적합하다.

5 등급 화학영양소 / Chemical
- 대량생산을 위해 주로 원유(Petroleum)를 사용한다.
- 약국에서 판매하는 대부분의 영양소
- 우리 몸을 망가뜨리는 화학물질 영양소

5 신진대사에 관여하는 장기

몸은 생명을 유지하기 위한 목적으로 매일 대사를 합니다. 물론 모든 장기는 이러한 대사에 적극 협조하지요. 장기는 제각각 일을 하지만 결국 하나의 목적을 위해 하모니를 연주합니다.

입- 탄수화물 소화
아밀라제 소화효소 분비

간- 소화효소 분비
분해, 이동, 흡수, 배출

췌장- 인체 내 포도당 균형 조절
인슐린, 글루카곤 호르몬 분비

신진대사에
관여하는
장기

위- 단백질 분해 및 흡수
펩티다아제 소화효소 분비

십이지장- 지방 분해 및 흡수
리파아제 소화효소 분비

소장- 미네랄, 비타민 흡수
분해된 모든 영양소 흡수 대사

폐 - 산소와 이산화탄소 교체
전신 산소 공급

갑상선 - 신진대사와 체온조절
티록신 호르몬 분비

대장- 수분 재흡수
장내세균 부산물 처리

6 건강 집

인체는 일종의 '집'입니다. 우리는 어떠한 압력에도 무너지지 않는 튼튼한 집을 짓기 위해 각고의 노력을 기울여야 합니다. 특히 나이를 먹어도 인체를 건강하게 유지해야 합니다. 우리가 원하는 삶의 밑바탕은 건강한 몸이기 때문입니다.

장수 집짓기 모델(Temple Model for Longevity)

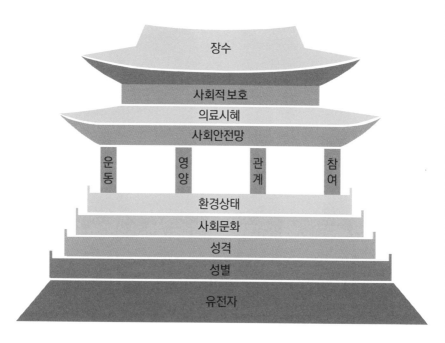

체온은 곧 생명입니다. 따뜻한 체온은 우리가 살아 있다는 것을 의미합니다. 우리가 건강하게 살아가기 위해서는 반드시 정상체온을 유지해야 합니다.

체온과 건강

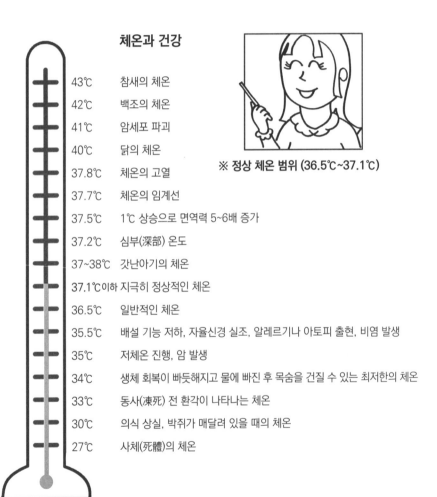

※ 정상 체온 범위 (36.5℃~37.1℃)

43℃	참새의 체온
42℃	백조의 체온
41℃	암세포 파괴
40℃	닭의 체온
37.8℃	체온의 고열
37.7℃	체온의 임계선
37.5℃	1℃ 상승으로 면역력 5~6배 증가
37.2℃	심부(深部) 온도
37~38℃	갓난아기의 체온
37.1℃이하	지극히 정상적인 체온
36.5℃	일반적인 체온
35.5℃	배설 기능 저하, 자율신경 실조, 알레르기나 아토피 출현, 비염 발생
35℃	저체온 진행, 암 발생
34℃	생체 회복이 빠듯해지고 물에 빠진 후 목숨을 건질 수 있는 최저한의 체온
33℃	동사(凍死) 전 환각이 나타나는 체온
30℃	의식 상실, 박쥐가 매달려 있을 때의 체온
27℃	사체(死體)의 체온

8 체온과 신진대사

체온과 신진대사에는 깊은 연관성이 있습니다. 체온 상태가 좋으면 대사가 정상적으로 잘 이뤄집니다. 반면 대사가 잘 이뤄지지 않아 대사성질환에 걸리는 것은 체온 상태가 좋지 않다는 것을 의미합니다.

체온과 신진대사

$-1℃$ **15%**

체온 1℃ 저하 시 신진대사율 15% 하락

체온이 1℃ 떨어지면 신진대사율은 15퍼센트 하락한다. 그만큼 체온과 신진대사는 밀접한 관계가 있다. 한마디로 말해 대사성질환의 근원은 체온 저하다.

$35℃$ **50%**

체온 35℃일 때 신진대사율 50% 하락

체온이 35℃로 내려가면 신진대사율은 50퍼센트 하락한다. 이 경우 비만이나 고도비만이 나타나며 암 같은 중증질환도 발생한다. 만약 대사성질환에서 벗어나지 못하면 약에 의존하는 만성질환에 걸릴 확률이 높다.

체온과 면역

면역은 체온의 변화에 따라 춤을 춥니다. 체온이 올라가면 면역은 군무(群舞)를 추지만 체온이 떨어지면 면역은 추워서 움직이지 못합니다.

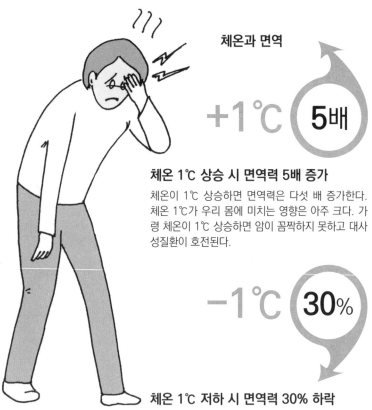

체온과 면역

+1℃ **5배**

체온 1℃ 상승 시 면역력 5배 증가

체온이 1℃ 상승하면 면역력은 다섯 배 증가한다. 체온 1℃가 우리 몸에 미치는 영향은 아주 크다. 가령 체온이 1℃ 상승하면 암이 꼼짝하지 못하고 대사성질환이 호전된다.

−1℃ **30%**

체온 1℃ 저하 시 면역력 30% 하락

체온이 1℃ 떨어지면 면역력은 30퍼센트나 하락한다. 이 경우 자가면역질환에 노출되면서 몸에 이상 징후가 발생하기 시작한다. 예를 들면 배설 기능 저하로 변비가 생기고 자율신경실조로 아토피를 비롯한 비염 등의 염증성질환이 생긴다.

10 체온과 비만

비만은 신진대사가 원활치 않아서 발생하는 질병입니다. 체온이 정상적이면 살이 찌지 않습니다. 반면 체온이 떨어질 경우에는 지방이 굳으면서 대사성질환인 비만이 나타날 확률이 높습니다.

체온과 비만

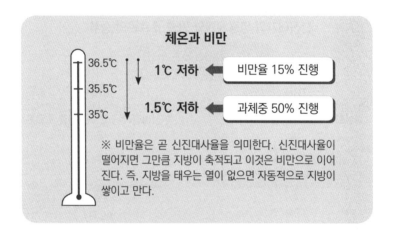

36.5℃ ↓ 1℃ 저하 ◀ 비만율 15% 진행

35.5℃

35℃ ↓ 1.5℃ 저하 ◀ 과체중 50% 진행

※ 비만율은 곧 신진대사율을 의미한다. 신진대사율이 떨어지면 그만큼 지방이 축적되고 이것은 비만으로 이어진다. 즉, 지방을 태우는 열이 없으면 자동적으로 지방이 쌓이고 만다.

정상 체온 36.5~37.1℃ 유지

熱

몸 안에 열을 내서 체온을 유지해준다.

팔랑~ 팔랑~

체지방

지방

열은 체지방을 분해한다.

정상체온을 유지하는 사람은 거의 다 체지방률이 매우 낮다. 현재 대한민국의 40대 여성 중 30퍼센트 이상이 정상체온보다 0.5℃ 낮은 35.5℃의 체온을 보인다. 이는 40대 여성의 30퍼센트는 복부비만이나 부분비만 상태에 놓여 있다는 말이나 다름없다.

" 아무리 많이 먹어도 대사가 잘 되면 "
절대로 살이 찌지 않는다!

11 신진대사의 명령체계와 방출 호르몬의 종류

우리가 스트레스를 어떻게 받아들이는가에 따라 몸은 다르게 반응합니다. 좋은 스트레스는 오히려 몸의 신진대사에 긍정적인 영향을 줍니다. 즉, 에너지의 원동력으로 작용합니다.

신진대사의 명령체계와 방출 호르몬의 종류

전시상하부
Hypothalamus

TRH
Thyrotropin Releasing Hormone
갑상선자극 호르몬 방출 호르몬

CRH
Corticotropin Releasing Hormone
부신피질자극 호르몬 방출 호르몬

뇌하수체전엽 β-Cell
Pituitary

뇌하수체 전엽
Pituitary

TSH
Thyroid Stimulating Hormone
갑상선자극 호르몬
① 아이오딘(요오드, I) 합성
② I = 갑상선 호르몬 생성
③ 혈액 방출 촉진

ACTH
AdrenoCorticoTropic Hormone
부신피질자극 호르몬

갑상선
Thyroid Gland

부신
Adrenal Gland

1. 갑상선: 티록신(Thyroxine) 호르몬
① 총대사량 증가
② 체온 상승
③ 뇌 흥분성 강화
④ 단백질 동화작용
⑤ 세포 내 이화작용
⑥ 간의 글리코겐 분해 촉진
⑦ 지방대사 관여

● **부신피질**
코르티솔(Cortisol) 호르몬
→ 뇌에 에너지 공급(시상하부)

● **부신수질**
아드레날린(Adrenaline) 호르몬
→ 근육에 에너지 공급

2. 부갑상선: 칼시토닌(Calcitonin) 호르몬
① 칼슘(Ca)과 인(P)의 대사 조절
② 뼈에 칼슘 흡수 촉진
③ 칼슘의 신장 재흡수
④ 비타민 D 합성
⑤ 혈중 칼슘 농도 조절

● **칼시토닌 호르몬 감소:** 혈액 내 칼슘 증가
근육 경련, 골격 발육 둔화(유아), 골격 불량화(성인)
● **칼시토닌 호르몬 증가:** 혈액 내 칼슘 감소
골연화증, 골다공증

12 신진대사의 신경선

　온몸에 퍼져 있는 신경은 신진대사를 촉진하기도 하고 반대로 억제하기도 합니다. 신경이 잘 활동해야 우리 몸이 제 기능을 할 수 있습니다.

신진대사의 신경선

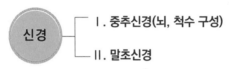

신경

- Ⅰ. 중추신경(뇌, 척수 구성)
- Ⅱ. 말초신경

1. 뇌신경(12쌍)
① 후각신경
② 시각신경
③ 동안신경
④ 활차신경
⑤ 삼차신경
⑥ 외전신경
⑦ 안면신경
⑧ 청각신경
⑨ 설인신경
⑩ 미주신경
⑪ 부신경
⑫ 설하신경

2. 척수신경(31개)
① 경추(목뼈) - 7개
② 흉추(가슴뼈) - 12개
③ 요추(허리뼈) - 5개
④ 천추(엉치뼈) - 5개
⑤ 미추(꼬리뼈) - 1~4개
 * 소아 33개, 성인 26개

3. 자율신경(2개)
① 교감신경
② 부교감신경

13 신진대사와 영양

원활한 대사를 위해서는 특별한 한 가지 영양이 아닌 전반적인 영양이 골고루 조화를 이뤄야 합니다. 영양을 균형 있게 골고루 섭취하면 대사율이 높아집니다.

대사와 관련된 각종 비타민 및 무기질

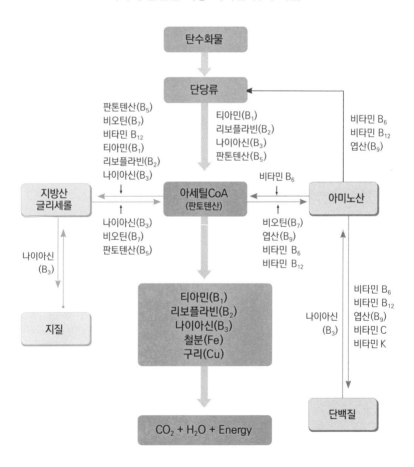

14 영양의 흡수와 이동 경로

우리 몸에는 영양소가 다니는 길이 별도로 마련되어 있습니다. 구체적으로 지방은 림프관을 통해 이동하거나 흡수되고 그 외의 영양소는 혈관을 따라 이동하거나 흡수됩니다.

영양의 흡수와 이동 경로

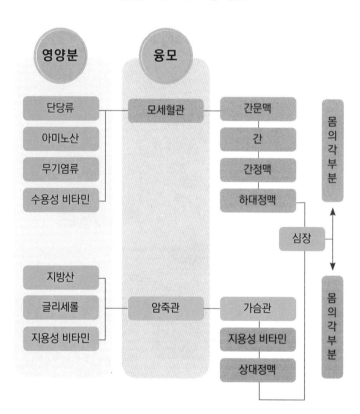

영양소가 에너지를 만드는 과정은 매우 복잡합니다. 물론 우리는 대사에 필요한 영양소만 잘 섭취하면 됩니다. 그 나머지는 이미 정해진 시스템에 따라 인체 내에서 저절로 이뤄지기 때문입니다.

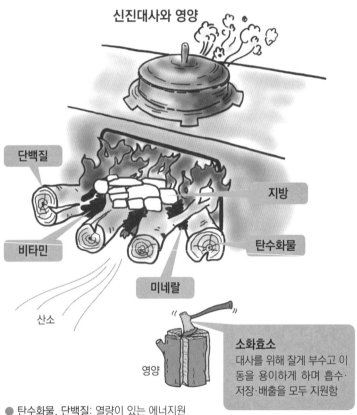

신진대사와 영양

단백질

지방

비타민

탄수화물

미네랄

산소

영양

소화효소
대사를 위해 잘게 부수고 이동을 용이하게 하며 흡수·저장·배출을 모두 지원함

● 탄수화물, 단백질: 열량이 있는 에너지원
● 지방: 화력을 올리는 에너지원
● 비타민, 미네랄: 불(연소)을 지피기 위한 잔가지
● 수분: 화력을 조절하는 기능
● 산소: 연소시켜 에너지를 만듦

16 신진대사와 효소

효소는 원활한 신진대사 활동을 돕는 촉매 역할을 합니다. 또한 효소는 소화, 영양분 흡수, 에너지 공급, 면역, 해독 등 다양한 인체 작용에 쓰입니다. 만약 효소가 부족하면 대사 활동이 어려워집니다.

신진대사와 효소

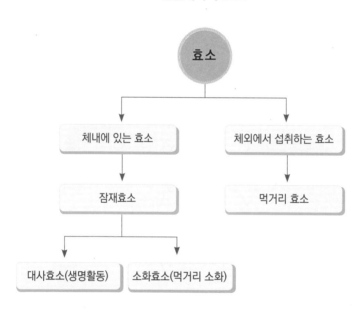

● 에드워드 하웰(Edward Howell) 박사가 정의한 효소의 종류

신진대사를 위협하는 다섯 가지 위험

건강한 삶을 영위하는 것은 쉬우면서도 복잡하고 어려워 보입니다. 건강한 삶을 누리려면 일반적으로 건강을 위협하는 다섯 가지 내용을 참고하는 것이 좋습니다.

신진대사를 위협하는 다섯 가지 위험

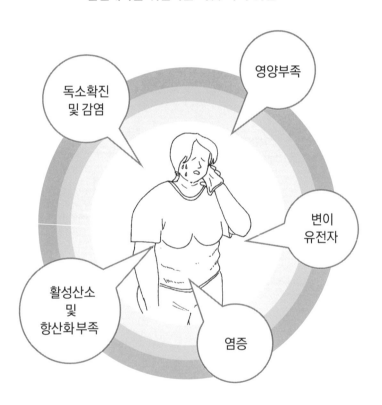

18 면역의 종류와 기능

우리는 몸을 지키고 방어해주는 면역을 잘 관리해야 합니다. 면역을 잘 관리하지 않으면 자기 몸을 공격하는 쿠데타가 일어나는데 이를 '자가면역질환'이라 부릅니다.

면역의 종류와 기능

분류	세포	기능
과립구 60%	호산구	선천적 면역
	호중구	세균 탐식, 분해, 처리
	호염기성구	백혈구 이동 도움
림프구 35%	B 림프구	항체, 탐식 T 림프구에 통보
	T 림프구	암세포 공격 그랜자임(Granzyme) 효소로 공격
	NK 림프구	무항체로 암세포 즉시 공격 퍼포린(Perforin) 효소로 공격
	LAK 림프구	암세포만 골라서 공격 림포카인 활성살생세포-인터루킨(IL-I) 발생
대식세포 5%	마이크로파지	폐에 있는 대식세포 매크로파지(Macrophage)
	수상돌기세포	비장에 있는 대식세포 덴드라이트(Dendrite)
	쿠퍼세포	간에 있는 대식세포 쿠퍼셀(Kupffer Cell)

"

신진대사는 생명을 연장하는
하모니 연주입니다.
하나의 실수가 연주를 망치듯
대사 문제는 몸 전체를 망가뜨립니다.

"

제2장

신진대사 이야기

1 신진대사란?

　신진대사란 섭취한 영양물질을 몸 안에서 분해 및 합성하는 화학적 반응을 통해 생명활동에 쓰이는 물질과 에너지는 생성하고 그렇지 않은 물질은 몸 밖으로 배출하는 작용을 말합니다. 이를 물질대사라고 부르기도 하는데, 그 이유는 모든 영양은 질량이 있는 물질이기 때문입니다.

　건강하다는 것은 신진대사가 잘 이뤄지고 있음을 의미하며, 반대로 건강하지 않다는 것은 신진대사가 원활치 않음을 뜻합니다. 따라서 우리는 무엇을 먹을 것인가를 논하기 전에 그것을 소화·흡수·배출하는 대사 능력이 얼마나 크고 좋은지 먼저 점검해야 합니다. 나아가 신진대사가 잘 이뤄지도록 몸에 좋은 음식을 섭취하고 꾸준히 운동하며 긍정적인 마인드로 살아가야 합니다. 특히 스트레스는 신진대사에 악영향을 끼칩니다.

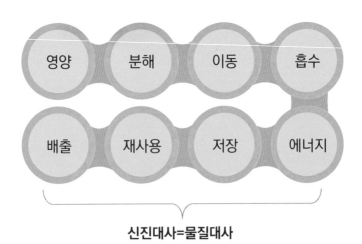

신진대사=물질대사

2 활동대사량과 기초대사량

대사 과정을 거쳐 얻은 대사물은 에너지로 전환됩니다. 이것을 대사량(代謝量)이라고 하는데 이는 기초대사량과 활동대사량을 합친 에너지의 양을 말합니다. 다른 말로 칼로리(Calorie)라고 부르기도 하며 열에너지가 있다고 해서 열량이라 표현하기도 합니다.

우리는 이 열량 덕분에 삶을 영위할 수 있는 것입니다. 우리가 하루 세 끼를 먹으며 영양을 섭취하는 것도 모두 열량을 얻기 위해서입니다. 이러한 열량은 하루 활동에 필요한 활동대사량과 하루에 꼭 필요한 기초대사량으로 나뉩니다.

기초대사량은 남성 여성 모두 자기 몸무게(Kg) x 24시간이며 더하기 35%를 하면 됩니다. 물론 이것은 평균값이며 신체조건이나 활동상황에 따라 개개인마다 차이가 있습니다. 지나치게 칼로리가 높은 식사를 하면서 활동이 저조하다면 인체는 쌓아두고 저장하려 하므로 비만이나 활성산소(活性酸素, Oxygen Free Radical)를 유발하고 이것은 염증과 질병을 초래합니다.

/평균

1일 활동대사량
남자: 2,400kcal
여자: 2,200kcal

1일 기초대사량
남자: 1,400kcal
여자: 1,200kcal

※ 칼로리(Calorie) = 열량의 단위로 물 1그램을 14.5℃에서 15.5℃로 1℃ 올리는 데 필요한 열량을 말하며 통상 킬로칼로리(kcal)를 같이 사용한다.

※ 칼로리 계산법 = ① 칼로리 계산법 = 일일 열량 계산 방법
= 170cm(키) − 100×1(여자는 0.9)×35(활동지수) = 2,450kcal
② 기초 대사량 계산 방법 = 일일 열량×60% = 1,4704kcal

대사산물(代謝産物, Metabolite)이란 대사를 위한 원료를 말합니다. 여기에는 에너지 생성에 필요한 **단백질·탄수화물·지방**을 비롯해 대사를 자극 및 촉진하는 **비타민, 미네랄, 수분, 섬유소** 등이 있습니다. 흔히 '7대 영양소'로 불리는 이들 영양소를 1차 대사산물(Primary Metabolite)이라고 부릅니다.

1차 대사산물의 목적은 생명 연장 및 유지를 위한 성장과 발육 등에 있으며, 이를 위해서는 하루에 필요한 열량을 균형 있게 섭취해야 합니다. 그중 일부는 몸 안에서 합성을 통해 생성되지만 대부분은 외부에서 공급받아야 합니다. 이것을 필수영양소라 하는데 여기에는 필수아미노산과 필수지방산도 있습니다. 비타민과 미네랄도 필수영양소에 속합니다.

1차 대사산물
一次代謝産物
Primary Metabolite

4 2차 대사산물

1960년대 후반부터 각광받기 시작한 **2차 대사산물**(二次代謝産物, Secondary Metabolite)은 현재까지 알려진 것만 대략 10만 종에 이릅니다. 2차 대사산물은 대개 식물에서 얻는 물질을 말합니다. 이것은 식물이 생존경쟁에서 살아남기 위해 스스로를 보호하는 물질로 **색소, 알칼로이드, 플라보노이드, 페놀류, 테르페노이드, 항생물질**이 여기에 속합니다.

이들 물질은 인체 내에서 유용하게 쓰이는데 특히 항생물질을 이용한 향료와 색소 산업이 번창하고 있습니다. 이미 의약으로 개발해 시판 중인 것도 있습니다.

그 기능을 보면 가령 페놀류는 활성산소로부터 인체를 보호하는 항산화(抗氧化, Antioxidation) 능력이 탁월하고, 플라보노이드는 면역 기전과 혈행에 큰 도움을 줍니다. 쉽게 말해 1차 대사산물이 육체적인 성장 및 발육에 기여한다면 2차 대사산물은 **스트레스나 외부환경으로부터 몸을 보호**하는 측면이 크다고 볼 수 있습니다.

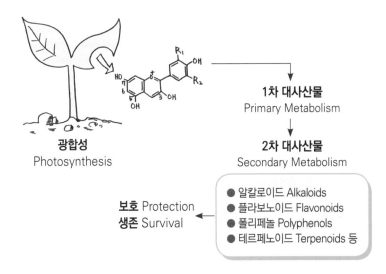

광합성
Photosynthesis

1차 대사산물
Primary Metabolism

2차 대사산물
Secondary Metabolism

보호 Protection
생존 Survival

● 알칼로이드 Alkaloids
● 플라보노이드 Flavonoids
● 폴리페놀 Polyphenols
● 테르페노이드 Terpenoids 등

신진대사는 맛있는 밥을 짓는 것과 같습니다. 밥을 짓는 목적은 영양을 섭취하는 데 있습니다. 우리는 매일 먹는 밥에서 영양을 공급받아 살아갑니다. 일단 솥에 쌀과 잡곡을 넣고 적당량의 물(수분)을 붓습니다. 그리고 불(열)을 지핍니다. 이때 먼저 잔가지(비타민과 미네랄)를 깔고 그 위에 마른 장작(탄수화물, 단백질 같은 열량 영양소)을 올려놓습니다. 이 모든 과정을 마쳐야 맛있는 밥을 먹을 수 있습니다.

단백질

비타민

미네랄

탄수화물

좋은 열량 공급원인 탄수화물의 포도당과 단백질은 우리 몸을
이롭게 하는 에너지원입니다. 지방도 훌륭한 에너지원이지만 부
족한 에너지를 보충하기 위해 만들어질 때 부산물인 찌꺼기(케톤
체, Ketone Body)가 많이 발생하는 문제점이 있습니다. 어쨌든 탄
수화물, 단백질, 지방은 모두 우리 몸에 필요한 에너지원입니다.
그리고 그러한 에너지원을 만들 때 꼭 필요한 것이 비타민과 미
네랄입니다.

지방

영양소들

◆ **영양소의 대분류**

대분류	영양소	열량	대사물질
타는 영양	탄수화물	4kcal	포도당
	단백질	4kcal	필수아미노산, 일반아미노산
	지방	9kcal	필수지방산, 일반지방산
태우는 영양	비타민	×	수용성, 지용성
	미네랄		대량 미네랄, 소량 미네랄

다만 모든 에너지원은 우리 몸이 적절히 사용할 수 있어야 한다는 조건을 충족시켜야 합니다. 만약 장작이 바짝 마르지 않고 젖어 있거나 눅눅하면 화력이 떨어집니다. 이런 장작은 잘 타지 않을뿐더러 계속 연기만 내면서 불연소(不燃燒) 상태로 남고 맙니다.

우리 몸에서는 활성산소가 그런 역할을 합니다. **활성산소**는 한마디로 **독**(毒, Toxin)입니다. 물론 마른 장작을 태울 때도 연기가 나지만 이것은 훈제를 할 수 있는 유익한 연기입니다.

활성산소 중 2퍼센트는 우리 몸에서 유익하게 쓰입니다. 반면 나머지는 불연소한 연기가 사람을 질식시키고 건강을 위협하듯 우리 몸에 좋지 않은 작용을 합니다. 장작이 젖어 있으면, 즉 우리 몸이 저체온 상태에 있으면 영양을 골고루 섭취해도 잘 태워지지 않아 독이 많이 발생합니다. 따라서 먼저 장작을 잘 말려야 합니다.

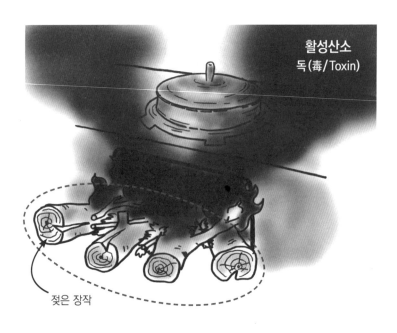

활성산소
독(毒/Toxin)

젖은 장작

　장작을 쪼개서 태우는 것과 통째로 태우는 것에도 차이가 있습니다. 통째로 태우면 처음에는 불이 잘 붙지 않습니다. 어느 정도 화력이 생겨야 활활 타오르지요. 우리 몸에서 장작이 잘 타도록 쪼개주는 도끼는 바로 **효소**(酵素, Enzyme)입니다.

　도끼의 날이 잘 들고 강해야 단번에 장작을 쪼개듯, 몸 안의 효소가 제대로 작동해야 영양소를 잘 쪼개 곧바로 에너지로 사용할 수 있습니다.

도끼 = 소화효소

장작 = 영양

영양

◆ **효소의 분류와 기능**

기관	효소	기능
침샘	아밀라제	녹말 → 엿당
위	프로테아제 펩티다아제	단백질 → 펩티드 펩티드 → 아미노산
간	알데히드	알코올 → 분해
이자	리파아제 트립시노겐 키모트립시노겐	지방 → 글리세롤과 지방산 폴리펩티드 → 디펩티드, 트리펩티드 폴리펩티드 → 디펩티드, 트리펩티드
십이지장	엔테로키나아제	단백질 → 활성 단백질
소장	락타아제 말타아제 수크라아제	젖당 → 에너지 엿당 → 포도당 설탕 → 포도당

만약 화력이 너무 강하면 문제가 발생합니다. 화력이 셀 경우 밥을 새까맣게 태우거나 심지어 집까지 태울 수 있습니다. 이를 방지하기 위해 몸 안의 수분이 화력을 조절합니다. 체온이 지나치게 올라가면 심한 염증 반응이 생기는 이유가 여기에 있습니다.

또한 다 타고 남은 재는 인체가 여러 가지 용도로 사용합니다. 버릴 것이 없지요. 농부가 재를 한곳에 모았다가 봄에 밭에 뿌려 토양을 가꾸듯 활용하기 때문입니다.

대분류	영양소	표현	기능
조절 영양	물	화력 조절	수분으로 조절하는 영양소
배출 영양	섬유소	타고 남은 재	정화, 배출 영양소

6 이화작용과 동화작용

우리 몸의 대사작용에서 빼놓을 수 없는 것이 동화작용(同化作用, Anabolism)과 이화작용(異化作用, Catabolism)입니다. 우리가 섭취하는 영양은 고분자 덩어리입니다. 세포는 이것을 저분자로 분해하는 촉매활동을 합니다. 이를 통해 얻은 에너지원을 자체의 고유 성분으로 바꿔 흡수 및 저장하는 것을 동화작용이라고 합니다.

반대로 저장한 에너지를 다시 꺼내 분해한 뒤 필요한 에너지원으로 사용하는 것을 이화작용이라고 합니다. 즉, 에너지원이 필요할 때 간에 저장된 포도당(글리코겐)을 분해해 혈당의 항상성 유지에 사용하는 것을 이화작용이라 합니다.

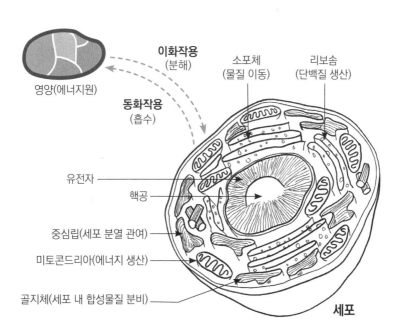

? 신진대사의 종류

1) 에너지대사

인체 내에서 이뤄지는 물질 분해 및 합성에 관한 화학 변화 중 물질 변화를 물질대사라고 하고, 에너지 변화를 에너지대사라고 부릅니다. 에너지대사에 쓰이는 물질에는 **탄수화물, 단백질, 지방**이 있고 우리 몸은 이들을 분해해 에너지를 얻습니다.

탄수화물은 소화기관을 거치면서 포도당으로 분해되어 각 세포로 이동합니다. 그리고 세포질에서 해당과정(解糖過程, Glycolysis)이 이뤄지면 산소를 이용해 많은 양의 에너지를 내는 ATP 분자들을 만듭니다. **탄수화물의 포도당은 최고의 에너지원으로** 인체가 가장 좋아합니다.

당(에너지원)이 부족해질 경우 인체는 간에서 단백질을 분해합니다. 이렇게 분해된 단백질은 포도당 신생과정을 거쳐 포도당으로 바뀌어 에너지로 쓰입니다. 만약 과도한 지방대사로 인해 옥살로아세트산이 부족해지면 아미노산이 중간대체재 역할을 합니다.

지방의 에너지대사는 **유리지방산**(遊離脂肪酸, Free Fatty Acid)이 하는데, 이러한 유리지방이 에너지로 쓰이려면 몸 안의 포도당이 고갈되어야 합니다. 여기에다 **지방대사가 과도해지면 산성물질인 케톤체가 많이 생겨 몸이 산성으로** 기울고 맙니다. 이것을 케톤산증이라 하며 제2형 당뇨에서 흔하게 나타납니다. 이 경우 구토나 복통, 어지럼증이 유발됩니다.

지방대사는 산소 효율이 낮아 지방 분해와 에너지 생산까지 30분 정도가 걸립니다. 설령 운동을 하더라도 지방 분해까지 시간이 걸리기 때문에 곧바로 주요 에너지로 쓰이지는 못합니다.

2) 비타민과 무기질 대사

비타민과 무기질(미네랄, Mineral)은 생체 활성화를 비롯해 **신진대사를 촉진하는** 데 쓰입니다. 그런데 안타깝게도 현대인은 토양 오염으로 하루에 필요한 비타민과 무기질을 충분히 얻지 못하고 있습니다. 이 두 가지 영양소 부족으로 이유가 불분명한 여러 가지 질병이 증가하고 있는 것도 사실입니다.

비타민과 무기질은 체내에서 합성되지 않기 때문에 반드시 외부에서 섭취해야 하는 필수영양소입니다. 지금까지 알려진 비타민은 15종인데 이 중에서 지용성은 비타민 A, 비타민 D, 비타민 E, 비타민 K이고 나머지는 모두 수용성입니다. 이러한 영양소가 부족해지면 이는 여러 가지 질병의 원인으로 작용합니다. 물론 과잉 섭취해도 다양한 증상이 나타나므로 적당량을 섭취하는 것이 바람직합니다.

무기질은 인체에서 4~5퍼센트를 차지하는 중요한 영양소입니다. 자연계에는 무기질이 100여 종의 원소로 존재하며 우리 몸에도 54종이 있습니다. 탄소·질소·수소·산소를 제외한 50종의 원소 중 다량 미네랄(Macro Mineral)인 칼슘, 인, 황, 나트륨, 칼륨, 마그네슘, 염소는 하루에 100밀리그램 이상을 섭취해야 합니다. 나머지 미네랄은 소량 미네랄(Micro Mineral)이라고 부릅니다.

에너지원 영양 + 미네랄 = 미네랄대사
Mineral Metabolism

- 필수 미네랄 54종
- 다량 미네랄 7종

3) 산소대사

 산소는 **호흡대사**(呼吸代謝, Respiratory Metabolism)를 통해 인체 내에 들어옵니다. 우리는 이 산소를 대사 전반에 사용함으로써 필요한 에너지를 얻습니다. 생물체가 호흡을 하는 이유는 결국 체내에 들어온 산소로 에너지를 얻기 위해서입니다.

 과도한 숨쉬기나 인체 내에서 산소 결핍으로 발생하는 활성산소는 인체에 해(害)를 끼치지만, 우리가 매일 코로 들이마시는 정도의 양은 그렇지 않습니다. 흥미롭게도 현대인은 대체로 양질의 산소가 결핍되어 대사성질환을 앓고 있습니다.

 폐로 들어온 산소는 심장을 통해 전신으로 보내집니다. 이때 에너지원인 포도당이 산소와 만나 물, 이산화탄소, 에너지를 얻는데 이것을 에너지대사 혹은 호흡대사로 부르기도 합니다. 산소를 이용해 많은 에너지를 얻는 일은 미토콘드리아에서 이뤄집니다. 좀 더 정확히 말하면 미토콘드리아 내의 외막과 내막 사이에서 에너지를 얻습니다. 이곳에서 포도당 한 분자로 38ATP를 얻는 것입니다. 이처럼 산소는 에너지를 만들 때 반드시 필요한 요소입니다.

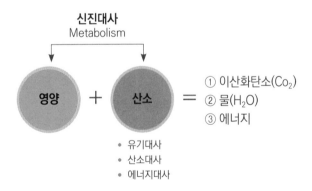

신진대사
Metabolism

영양 **+** 산소 **=**
① 이산화탄소(CO_2)
② 물(H_2O)
③ 에너지

- 유기대사
- 산소대사
- 에너지대사

4) 효소대사

인체 내에 있는 효소는 밝혀진 것만 해도 3,000여 가지에 달하는데, 이 모든 효소가 대사에 관여합니다. 그 밖에도 효소의 기능은 매우 다양합니다.

효소 중에서 대표적인 것은 음식물을 분해하는 **소화효소**입니다. 또한 신진대사를 관장해 인체에 쉽게 흡수되도록 하고 간의 해독 기능을 도우며 세포 교체 등을 하는 **대사효소**가 있습니다. 이러한 대사효소의 생명활동에는 비타민과 미네랄이 필수적입니다. 특히 태생부터 한정적이라 남용하면 고갈되어 질병을 일으키는 잠재효소(潛在酵素, Cryptic Enzyme)도 있는데, 이 잠재효소 안에 대사효소와 자기분해효소가 있습니다.

한마디로 인체는 효소의 작용으로 삶을 영위합니다. **효소 부족**은 신진대사에 어려움을 초래하며 이는 대사성질환을 일으키는 시한폭탄으로 작용합니다.

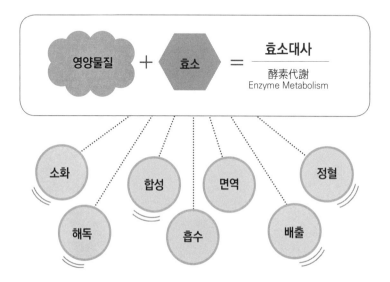

5) 수분대사

　모든 대사에는 **수분대사**(水分代謝, Water Metabolism)가 관여합니다. 인체의 수분이 60~70퍼센트에 이르는 이유는 모든 대사에 필요하기 때문입니다. 이는 기계 절삭이나 반도체의 정밀 부분에 물이 절대적으로 필요한 것과 같은 이치입니다. 이것을 가수분해(加水分解, Hydrolysis)라고 합니다.

　효소대사는 인체 내에서 촉매작용을 하는데 그 촉매의 중심에는 물이 있습니다. 즉, 효소 반응의 핵심에는 가수분해가 있는 것입니다. 또한 수분은 순환을 돕는 이동과 수송, 영양 흡수, 저장, 물질 분비는 물론 세포에서 발생한 **물질의 배설** 등 다양한 일을 합니다. 가장 중요한 사실은 **수분이 체온조절에 관여한다**는 점입니다.

8 대사증후군

대사증후군(代謝症候群, Metabolic Syndrome)이란 대사의 복합적인 원인으로 발생한 증상을 말합니다. 몸 안에서는 각각의 물질에 따라 수많은 대사가 일어납니다. 그중 하나라도 문제가 생기면 대사증후군이 발생하는데, 그 대표적인 것이 바로 비만입니다.

비만은 당뇨의 원인인데 당뇨가 발병하면 인슐린이 제대로 분비되지 않거나 제 기능을 하지 못해 여러 가지 성인병이 나타납니다. 특히 현대인은 육식 문화 탓에 몸이 필요로 하는 비타민과 미네랄의 고갈이 일어나 여러 가지 대사증후군에 시달리고 있습니다.

대사증후군 진단

▼ 다음의 기준 중 세 가지 이상에 해당되면 대사증후군으로 정의한다.

1. 허리둘레: 남자 90cm(35.4인치) 이상, 여자 85cm(33.5인치) 이상
2. 중성지방: 150mg/dl 이상
3. HDL: 남자 40mg/dl 미만, 여자 50mg/dl 미만
4. 공복혈당: 110mg/dl 이상
5. 고혈압: 130/85mmHg 이상

▶ 대사증후군은 동맥경화, 고혈압, 고지혈증, 심장병, 당뇨병 등과 같이 복합적으로 나타난다.
▶ 협심증, 심근경색, 뇌졸중 등 심혈관계질환으로 사망할 확률이 높다.

▲ 2001년 미국 콜레스테롤 교육 프로그램(NCEP, National Cholesterol Education Program)의 성인 치료 패널 3(ATP 3, Adult Treatment Panel)는 대사성증후군을 새로 정의했다.

대사성질환

대사증후군으로 발생한 질환을 총칭해 대사성질환(代謝性疾患, Metabolic Disease)이라고 합니다. 이것은 신체 내 물질대사 장애로 발생하며 모든 성인병과 생활습관병이 여기에 속합니다. 통계청에 따르면 대사성질환에 속하는 **고혈압**, **당뇨병**, **뇌혈관질환**, **심장질환** 등으로 사망하는 사람이 매년 급증하는 추세라고 합니다. 그 원인으로는 영양 불균형과 잦은 술자리 등의 잘못된 식습관 및 생활습관, 과도한 스트레스에 따른 내분비계 불균형이 있습니다.

10 생활습관병

생활습관병(生活習慣病, Lifestyle Related Disease)이란 온갖 좋지 않은 생활습관이 인체에 영향을 끼치면서 생기는 질병을 말합니다. 대표적으로 성인병이 있지만 사실 이것은 소아기 때부터 잘못 길들여진 생활습관이 결국 성인기에 질병을 유발한 것으로 보아야 합니다. 근래에는 소아의 생활습관병도 급증하고 있는데 그중 눈에 띄는 것이 소아 당뇨입니다.

생활습관병은 어느 특정 부위나 한 가지 원인을 지목할 수 없을 만큼 생활 전반의 영향을 받습니다. 청소년기에는 공부와 시험이 주는 스트레스나 수면 부족에 따른 호르몬 불균형의 영향이 큽니다. 청년기에는 주로 취업과 결혼, 사회생활에서 오는 스트레스의 영향을 받습니다. 성인기에는 업무과다를 비롯해 경쟁과 노후대책에 시달리는 등 수많은 위협에 노출됩니다. 여기에다 잦은 술자리와 대인관계도 피로감을 안겨줍니다.

특히 현대인은 급속히 몰아치는 서구화의 물결 속에서 살아남기 위해 노력하느라 더욱더 생활습관병을 자초하는 상황에 놓여 있습니다. 실제로 우리는 생활습관병이 날로 증가하고 있음을 피부로 느끼고 있습니다.

11 소모성질환

소모성질환(消耗性疾患, Wasting Disease)은 에너지를 많이 소비하는 기관(器官, Organ)이나 장기(臟器, Viscera)에 발생하는 질환을 말합니다. 에너지를 많이 소모한다는 것은 생체 활성화가 매우 높다는 것을 의미합니다. 그 대표적인 장기가 바로 간입니다.

'침묵의 장기'로 불리는 간은 모든 대사의 처음과 마지막을 장식합니다. "간이 망가지면 건강의 90퍼센트를 잃는 것이나 마찬가지"라는 말이 보여주듯 간은 인체 내에서 가장 많은 일을 수행합니다. 그 많은 일을 하려면 에너지가 다량 필요하기 때문에 간은 소모성 장기로 불리기도 합니다.

인슐린과 글루카곤 호르몬으로 에너지 대사에 관여하는 췌장, 호흡을 통해 매일 산소를 받아들이고 몸 안에서 생성된 이산화탄소를 배출하기 위해 노력하는 폐, 언제나 정보를 입력 및 출력하는 뇌(腦, Brain)도 여기에 속합니다. 우리는 소모성 장기들이 제각각 일을 잘 수행하도록 매일 충분한 영양을 공급해주어야 합니다.

소모성 기관
에너지를 많이 소모함

 뇌 신경세포(뉴런)를 통한 정보의 입출력

 간 인체 내 모든 대사에 관여. 침묵의 장기

 췌장 포도당의 에너지대사에서 호르몬 분비

 폐 호흡대사로 산소와 이산화탄소 교체

12 식원성증후군

식원성증후군(食原性症候群, Food Oriented Syndrome)은 올바르지 않은 식생활 탓에 인체 내에 들어오지 않아야 할 나쁜 음식을 섭취함으로써 발생하는 증상을 말합니다. 우리는 보통 '사람이 만든 음식은 모두 먹을 수 있다'라고 생각합니다. 과연 그럴까요?

알고 있다시피 우리 주변에는 온갖 화학향료와 조미료를 첨가해 먹음직스러워 보이는 음식이 널려 있습니다. 식탁에는 언제나 군침이 도는 가공식품이 즐비합니다.

그러나 인체가 좋아하는 음식은 자연에서 나온 순수한 먹거리입니다. 가스 차에 휘발유를 넣으면 고장이 나듯 인체에도 해롭거나 몸에 이로울 것 없는 음식을 넣으면 결국 건강을 잃고 맙니다. 《식원성증후군》을 저술한 일본의 오사와 히로시는 책에서 과자, 청량음료, 햄버거, 햄, 소시지, 라면을 대표적인 해로운 음식으로 분류하고 있습니다.

체온과 신진대사는 밀접한 상관관계가 있습니다. 즉, 체온이 낮아지면 신진대사율도 급격히 떨어집니다. 가령 정상체온 36.5℃보다 체온이 1℃ 낮은 사람은 정상인보다 신진대사율이 30퍼센트 떨어져 비만, 변비, 아토피 등 대사성질환에 잘 걸립니다. 또한 체온이 35℃로 낮아져 저체온 상태에 놓이면 신진대사율이 50퍼센트 떨어져 암이나 중병에 걸릴 확률이 높아집니다.

결국 대사가 좋다거나 정상이라는 것은 체온이 정상이라는 말과 같습니다. 만약 체온이 1℃ 상승하면 대사율이 15퍼센트 올라가면서 혈액순환이 촉진되고 면역 활동도 증가합니다. 그렇기 때문에 우리가 대사를 위해 섭취하는 영양소의 70퍼센트가 체온을 올리는 데 쓰입니다.

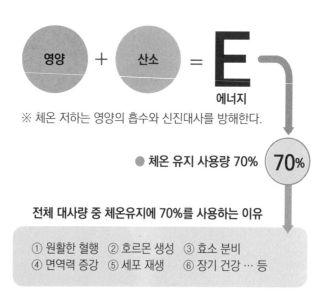

영양 + 산소 = **E** 에너지

※ 체온 저하는 영양의 흡수와 신진대사를 방해한다.

● 체온 유지 사용량 70% **70%**

전체 대사량 중 체온유지에 70%를 사용하는 이유

① 원활한 혈행 ② 호르몬 생성 ③ 효소 분비
④ 면역력 증강 ⑤ 세포 재생 ⑥ 장기 건강 … 등

14 비만과 신진대사

비만(肥滿, Obesity)은 대사성질환에 속하는 대표적인 질병입니다. 신진대사가 어려울 경우 몸에 지방이 축적되고 체지방 비율이 높아져 비만이 발생합니다.

이러한 비만은 영양 불균형에서 비롯되기도 합니다. 가령 칼로리가 높은 음식에 치우친 식사를 하면 이를 대사하는 미네랄이 부족해지면서 비만을 초래합니다. 근래에는 사회적인 스트레스나 환경 문제로 비만이 발생하는 빈도도 높아지고 있습니다. 비록 이에 따른 호르몬의 영향을 받는 것도 사실이지만, 대개는 바르지 않은 식습관이 가장 큰 문제입니다.

몸 안에서 대사가 잘 이뤄지는 사람은 미토콘드리아의 활성이 높고 대사량이 많아 비만에 걸릴 확률이 매우 낮습니다. 그러므로 비만을 치유하고 싶다면 대사량을 늘리고 칼로리를 소비하는 운동을 하는 동시에 균형 잡힌 식습관 및 생활습관을 들여야 합니다.

신진대사율 저하

여러 가지 요인에 따른 저하

갑상선 호르몬 방출

갑상선 호르몬 분비

체온 유지, 신진대사 증대

체온 유지와 대사량 증가

지방 축적

에너지로 사용하기 위해 지방 축적

비만 진행

스트레스와 신진대사

스트레스는 신진대사에 긍정적 혹은 부정적 영향을 미칩니다. 일정한 스트레스는 심장박동수를 늘리고 근육의 활력을 증대해 신진대사를 높입니다. 반면 과도한 스트레스는 몸을 병들게 하고 면역을 약화시켜 면역 관련 질병을 일으킵니다.

우리가 **스트레스를 받으면** 먼저 머리 중앙에 있는 전시상하부(前視床下部, Anterior Hypothalamus)가 자극을 받습니다. 그러면 뇌하수체전엽(腦下垂體前葉, Anterior Pituitary) 베타세포(β-Cell)는 곧바로 갑상선자극 호르몬 방출 호르몬(TRH, Thyrotropin Releasing Hormone)에 신호를 보내 **갑상선을 자극**하라고 합니다.

이때 자극을 받은 **갑상선은 티록신 호르몬을 내뿜으며 대사량을 늘리기 시작합니다.** 이로써 총대사량이 증가하면 체온이 상승하고 뇌의 흥분성이 강화되며 단백질 동화작용과 에너지의 세포 내 이화작용이 일어납니다. 나아가 간에 저장된 포도당(글리코겐) 분해가 촉진되는데, 이것이 부족할 경우 티록신은 지방을 에너지로 사용하기 위해 지방대사에 관여합니다.

부갑상선에서는 칼시토닌 호르몬이 방출되면서 칼슘과 인 대사를 비롯해 뼈의 칼슘 흡수를 촉진합니다. 신장도 칼슘 재흡수와 비타민 D 합성, 혈중 칼슘 농도의 균형을 조절하는 기능을 합니다.

이처럼 적절한 스트레스는 신체의 역동과 활력에 절대적이며 이는 인류 문화 발전에도 크게 공헌해왔습니다.

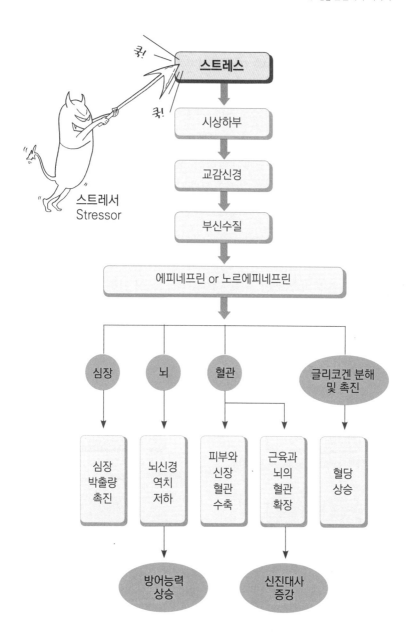

사실 스트레스는 자율신경(ANS, Autonomic Nervous System)의 지배 아래 놓여 있습니다. 전시상하부가 뇌하수체전엽을 조절할 때 부교감신경(副交感神經, Parasympathetic Nerves)에 신호를 보내면 호르몬 방출을 자극하거나 촉진하는 일을 합니다. 반대로 교감신경(交感神經, Sympathetic Nerves)에 신호가 가면 반대의 현상이 일어납니다. 즉, 부교감신경은 분해와 대사에 관여하지만 에너지 방출 및 사용은 전적으로 교감신경이 맡습니다.

　이때 뇌하수체전엽에는 부신피질자극 호르몬 방출 호르몬(CRH, Corticotropin Releasing Hormone)이 출동합니다. 그러면 뇌하수체전엽은 부신피질자극 호르몬(ACTH, Adreno Cortico Tropic Hormone)을 분비해 부신(副腎, Adrenal Glands)이 일하도록 합니다.

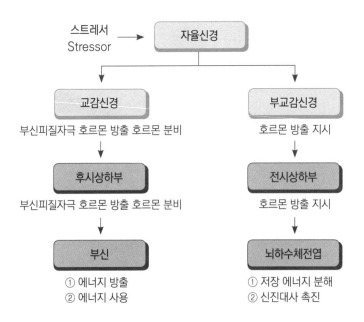

그때부터 부신은 부신피질(副腎皮質, Adrenal Cortex)에서 **코르티솔(Cortisol) 호르몬**을 분비해 간이 에너지를 뇌에 공급하게 합니다. 그리고 그 에너지를 공급받은 뇌는 스트레스가 줄어들고 안정을 찾습니다. 이처럼 중요한 일을 하는 코르티솔 호르몬을 '**스트레스 호르몬**'이라 부르기도 합니다.

부신수질(副腎髓質, Adrenal Medulla)에서는 아드레날린(Adrenaline) 호르몬을 분비해 역시 간에서 포도당을 합성하게 합니다. 이것은 혈액으로 들어가 근육에 에너지를 공급하는데, 운동선수들이 도핑 테스트에서 심심찮게 물의를 빚는 이유는 이 아드레날린 계통의 호르몬 약을 투입했기 때문입니다.

같은 스트레스일지라도 몸은 어떻게 반응할지 고민한 뒤 자율신경을 통해 신속하게 처리합니다. 이는 모두 신진대사에 어려움이 없도록 하려는 항상성 반응이자 대사를 통해 얻은 에너지로 몸을 지키려는 수호신 반응입니다.

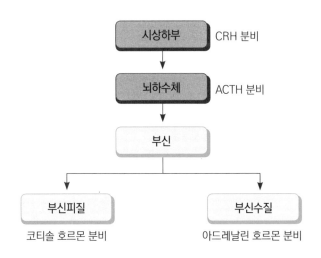

"

신진대사에는 호르몬이 관여합니다.
그리고 그 호르몬의 생성 및 분비를 담당하는
장기는 모두 내분비기관입니다.

"

제3장

신진대사의 명령체계

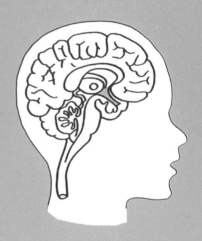

1   시상하부

아몬드 정도의 크기로 뇌의 중앙에 있는 시상하부(視床下部, Hypothalamus)는 뇌하수체를 경유해 신경계와 내분비계를 연결합니다. 다시 말해 **시상하부는 인체의 총사령관 역할을 하며 자율신경계 활동과 대사 과정에 관여해 인체의 항상성을 책임집니다.** 가령 우리가 먹고 마실 때, 성행위를 할 때 시상하부는 자율신경을 조절해 대사의 항상성을 유지하는 일을 합니다.

그뿐 아니라 신경 호르몬을 합성 및 분비하는데, 이것은 차례로 뇌하수체 호르몬 분비를 자극하거나 억제합니다. 시상하부는 오로지 뇌하수체만 집중적으로 신경 쓰고 관리합니다. 이는 뇌하수체가 시상하부의 명령을 받아 전신을 통제하기 때문입니다.

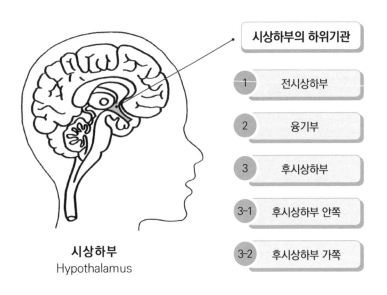

시상하부의 하위기관

1	전시상하부
2	융기부
3	후시상하부
3-1	후시상하부 안쪽
3-2	후시상하부 가쪽

시상하부
Hypothalamus

전시상하부

① 부교감신경 자극(억제, 통제)
② 체온조절(문제 시 고열 발생)
③ 다이어트 호르몬 분비(오렉신[Orexin])
④ 방광 수축
⑤ 혈압 조절
⑥ 옥시토신, 바소프레신 호르몬 분비

융기부

① 다이어트 호르몬 분비 촉진(그렐린[Ghrelin])
② 신경 내분비 조절
③ 수유 분비
④ 갈증, 배고픔 신호

후시상하부

① 교감신경 자극(자극, 촉진)
② 열 보존(문제 시 체온조절 장애 발생)
③ 기억 보존
④ 혈압 상승
⑤ 동공 확대
⑥ 몸의 떨림
⑦ 갈증과 배고픔

시상하부 분비 호르몬의 종류

① 갑상선자극 호르몬(TRH, Thyrotropin Releasing Hormone)
② 성(性)샘자극 호르몬(GRH, Gonadotropin Releasing Hormone)
③ 성장자극 호르몬(GHRH, Growth Hormone Releasing Hormone)
④ 황체형성 호르몬 방출 호르몬(LHRH, Luteinizing Hormone Releasing Hormone)
⑤ 난포자극 호르몬 유리인자(FSH-RF, Follicle Stimula ting Hormone Releasing Factor)
⑥ 부신피질자극 호르몬(CRH, Corticotropin Releasing Hormone)
⑦ 멜라닌세포자극 호르몬 유리인자
    (MSH-RF, Melanocyte Stimulating Hormone Releasing Factor)
⑧ 항이뇨 호르몬 혹은 바소프레신(Antidiuretic Hormone or Vasopressin)
⑨ 프로락틴 방출 촉진인자(PRF, Prolactin Releasing Factor)

지름 약 1센티미터, 무게 0.5그램인 뇌하수체(腦下垂體, Pituitary Gland)는 시상하부 바로 밑에 매달려 있습니다. 무엇보다 뇌하수체는 가장 많은 호르몬을 분비하는 대표적인 내분비기관(內分泌器官, Endocrine System)입니다. 각 내분비기관은 이러한 호르몬을 받아 대사를 하지요.

특히 뇌하수체는 갑상선과 부신이라는 두 충신(忠臣)을 통해 신진대사에 깊이 관여합니다. 갑상선기능저하증(甲狀腺機能低下症, Hypothyroidism)과 갑상선기능항진증(甲狀腺機能亢進症, Hyperthyroidism)은 갑상선자극 호르몬의 통제로 나타나고 부신피질자극 호르몬 방출은 비만과 관련이 있습니다.

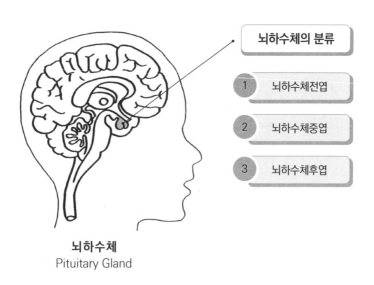

뇌하수체의 분류

1 뇌하수체전엽

2 뇌하수체중엽

3 뇌하수체후엽

뇌하수체
Pituitary Gland

뇌하수체전엽

① 갑상선자극 호르몬(TSH, Thyroid Stimulating Hormone)
② 성장자극 호르몬(GH, Growth Hormone)
③ 황체형성 호르몬(LH, Luteinizing Hormone)
④ 여포자극 호르몬(FSH, Follicle Stimulating Hormone)
⑤ 부신피질자극 호르몬(ACTH, AdrenoCorticoTropic Hormone)
⑥ 프로락틴분비 호르몬(PRL, Prolactin Hormone)
⑦ 엔돌핀 호르몬(Endorphin Hormone)
⑧ 엔케팔린 호르몬(Enkephalin Hormone)

뇌하수체중엽

① 멜라닌세포자극 호르몬(MSH, Melanocyte Stimulating Hormone)

뇌하수체후엽

① 옥시토신 호르몬(OCT, Oxytocin Hormone)
② 바소프레신 호르몬(ADH, Vasopressin Hormone)

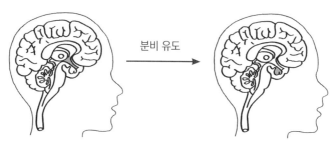

분비 유도

시상하부
- 방법: Releasing(방출)
- 의미: 방출인자(放出因子)
     유리인자(遊離因子)
- 트로핀(Tropin): 유도 호르몬이라는 뜻

뇌하수체
- 방법: Stimulating(자극)
- 의미: 자극, 활성
- 트로픽(Tropic): 자극 호르몬이라는 뜻

신진대사에서 가장 큰 활약을 보이는 갑상선(甲狀腺, Thyroid)은 인체에서 호르몬을 분비하는 내분비기관 중 크기가 가장 큽니다. 마치 갑옷을 입은 것처럼 생겨 갑상선이란 이름이 붙은 것이며, 그 말은 **방패**를 뜻하는 그리스어 '타이레오스(Thyreos)'에서 유래했습니다.

이러한 갑상선은 목의 한가운데에 앞으로 튀어나온 물렁뼈 바로 아래쪽에서 기도 주위를 나비모양으로 둘러싸고 있습니다. 크기는 약 5센티미터이고 무게는 15~20그램입니다. 그 뒤쪽으로는 부갑상선이 좌우 두 개씩 모두 네 개가 붙어 있습니다.

갑상선 호르몬은 뇌하수체에서 분비되는 갑상선자극 호르몬의 신호를 받아 분비되는데, 이를 저장했다가 필요할 때마다 혈액으로 내보냅니다. 이러한 갑상선 호르몬은 사람에게 꼭 필요한 물질로 **인체의 대사** 과정을 촉진해 모든 기관이 적절히 기능하도록 만듭니다.

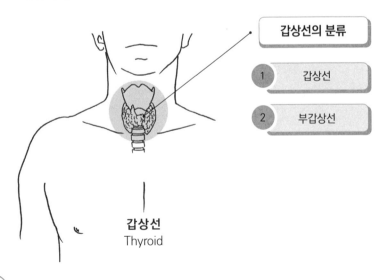

갑상선의 분류

1 갑상선

2 부갑상선

갑상선
Thyroid

갑상선

① 티록신 호르몬 분비(Thyroxine)
② 총대사량 증가
③ 체온 상승
④ 뇌 흥분성 강화
⑤ 단백질 동화작용
⑥ 세포 내 이화작용
⑦ 간의 글리코겐 분해 촉진
⑧ 지방대사 관여

부갑상선

● **칼시토닌 호르몬 분비**(Calcitonin)
 - 칼슘(Ca), 인(P) 대사 촉진
 - 뼈 칼슘 흡수 촉진
 - 칼슘 신장 재 흡수
 - 비타민 D 합성
 - 혈중 칼슘 농도 조절

 ① 칼시토닌 호르몬 감소
 - 혈액 내 칼슘 증가
 - 근육 경련 발생
 - 골격 발육 둔화(유아)
 - 골격 불량화(성인)
 ② 칼시토닌 호르몬 증가
 - 혈액 내 칼슘 감소
 - 뼈 칼슘 부족으로 골연화
 - 골다공증 심화

● **파라토르몬 호르몬 분비** (Parathormone)
 - 칼슘(Ca), 인(P) 대사 촉진
 - 혈액 내 칼슘 농도 증가
 - 혈액 내 인 농도 증가
 - 신장에서의 칼슘 흡수 증가
 - 뼈 칼슘 방출 촉진
 - 소장 칼슘 흡수 증가
 - 비타민 D 활성 촉진

4 부신

 무게 4.5그램, 길이 50밀리미터인 부신(副腎, Adrenal Glands)은 신장 위에 삼각형 모양으로 각각 한 개씩 위치한 내분비선입니다. 이것은 피질과 수질로 나뉘며 성인의 경우 피질이 거의 90퍼센트를 차지합니다.

 뇌하수체전엽에서 분비된 부신피질자극 호르몬의 자극을 받은 **부신**은 대표적으로 **코르티솔 호르몬을 분비**합니다. 이 호르몬은 간에서 글리코겐을 분해해 포도당으로 만듦으로써 혈당을 높이는 등 탄수화물대사에 관여합니다.

 신진대사 과정에서는 저장한 에너지원인 포도당과 아미노산을 꺼내 사용합니다. 특히 **부신수질은 간과 지방에 저장된 포도당, 지방산을 근육에 보내 대사를 조절**하게 합니다. 이러한 부신 호르몬은 대사성질환과 깊이 관련되어 있는데 습관적인 스트레스는 부신에 부담을 줍니다.

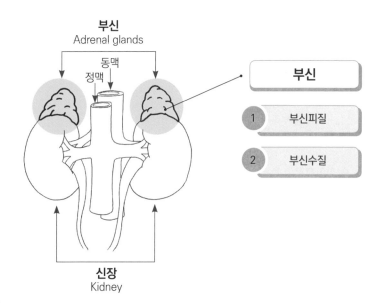

부신
Adrenal glands

동맥
정맥

부신

1 부신피질

2 부신수질

신장
Kidney

부신피질

① 글루코르티코이드 호르몬 분비
　– 포도당을 간에 글리코겐으로 저장
　– 당질대사 관여
　– 단백질, 지방질을 당질로 변환해 에너지 생성
　– 코르티솔 호르몬 분비 (Cortisol)
　– 면역 반응 조절
　– 스트레스 반응 조절
② 염류코르티코이드(알도스테론[Aldosterone]) 호르몬 분비
　– 나트륨과 칼륨 대사 관여
　– 혈액 내 pH 조절
　– 혈압, 혈액량, 전해질 조절 관여
③ 테스토스테론(Testosterone) 호르몬 관여
④ 뇌에 에너지 공급(시상하부)
⑤ 소염 작용

부신수질

① 아드레날린 호르몬 분비 (Adrenaline)
　– 간에서 포도당 합성
　– 심장박동수 증강
　– 포도당을 혈액으로 방출
　– 근육에 에너지 공급
② 노르아드레날린 호르몬 분비 (Noradrenalin)
　– 스트레스 호르몬의 일종
　– 주의와 충동성 억제
　– 심박수 직접 증강
　– 교감신경 조절
　– 지방으로부터 에너지 생성 방출
③ 카테콜아민 호르몬 분비 (Catecholamine)
　– 몸에 흥분성 노출
　– 혈관 수축
　– 근육 확장
　– 심장박동수 증강

> 66
>
> 모든 장기는 개별적인 임무를 수행하지만
> 서로 연결되어 있으며
> 상호 신호를 보내 교류 및 협력합니다.
> 이 모든 활동은 오로지 대사를 위한 것입니다.
>
> 99

제4장

신진대사와 장기들

입은 탄수화물대사가 이뤄지는 기관입니다. 이러한 입은 구강 (口腔, Oral Cavity)이라 불리기도 하는데, 이는 입술부터 목구멍의 인두 시작 부위까지로 이곳은 소화관의 시작 지점이기도 합니다. 한마디로 **입은 신진대사의 출발점**입니다.

입으로 들어온 음식은 침과 섞여 치아의 어금니를 통해 잘게 분쇄됩니다. 음식의 맛을 느끼는 것은 혀의 유두(乳頭, Papilla) 부분으로 맛의 느낌에 따라 치아 부위로 음식물이 보내집니다. 즉, 오래 씹어서 분쇄해야 하는 것은 어금니로 보내고 금방 분쇄되는 것은 짧은 시간 머물게 하는 것입니다. 이처럼 잘게 분쇄된 음식물은 식도를 거쳐 위에 다다릅니다.

입은 크게 세 가지 기능을 수행합니다.

첫째, 음식의 맛을 느끼는 **미각기능**입니다.

둘째, 귀밑샘에서 프티알린(Ptyalin; 아밀라제라고도 함)을 분비해 탄수화물을 분해하고 음식물을 저작(咀嚼, Mastication)하는 **소화기능**입니다.

셋째, 언어와 소리를 내는 **구음**(口音)기능입니다.

이 중 음식을 먹고 대사를 하는 소화기능이 가장 우선입니다.

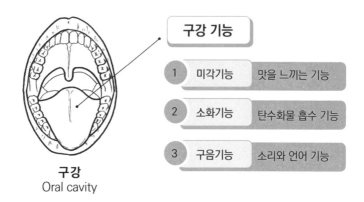

구강
Oral cavity

구강 기능

1	미각기능	맛을 느끼는 기능
2	소화기능	탄수화물 흡수 기능
3	구음기능	소리와 언어 기능

탄수화물은 가장 좋은 에너지원입니다. 지방과 단백질도 에너지원이지만 탄수화물 부족 시 대체용으로 쓰입니다. 그런데 지방은 에너지를 만들 때 부산물인 찌꺼기(케톤체)가 많이 발생하는 문제가 있습니다.

탄수화물은 모든 대사의 시작점입니다. 탄수화물이 부족하면 다른 대사에 어려움이 생기면서 전체적으로 신진대사에 문제가 발생합니다. 특히 심장의 세 배에 이르는 에너지를 소모하는 뇌는 하루에 약 400킬로칼로리의 에너지를 필요로 하는데, 이것이 부족하면 뇌의 균형이 깨져 호르몬 분비가 저하됩니다. 이 경우 몸은 스트레스를 받아 활성산소 분비가 늘어나면서 산성으로 기웁니다. 하루에 분비되는 침은 약 1,500밀리리터로 99.5퍼센트가 수분이고 0.5퍼센트가 소화액인 프티알린입니다.

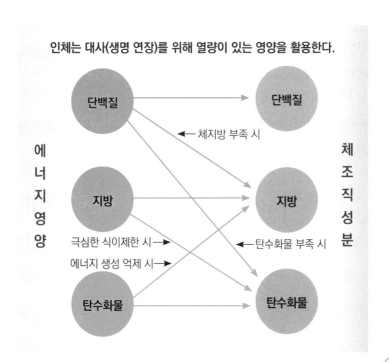

인체는 대사(생명 연장)를 위해 열량이 있는 영양을 활용한다.

2 간

횡격막 오른쪽 아래에 위치해 갈비뼈(늑골)의 보호를 받는 간(肝, Liver)은 모든 대사에 관여하는 신진대사의 아버지입니다. 간은 무게가 약 1.2킬로그램이고 지름은 25센티미터로 적갈색의 광택을 띄고 있습니다.

간을 구성하는 세포는 대부분 간세포로 그 수가 대략 2,500억 개에 달하며 무수한 기능을 수행합니다. 간소엽이 모여 만들어진 간은 크게 좌엽과 우엽으로 나뉘며 우엽이 좌엽보다 훨씬 크고 두껍습니다. 이러한 간은 다른 장기와 달리 심장을 통한 간동맥과 소화관의 영양 운반 통로인 간문맥에서 이중으로 혈액을 공급받습니다. 인체 내 혈액 중 유일하게 간문맥으로 혈액이 두 번 통과되는 것입니다.

이때 간은 **영양의 저장 및 해독 작용**을 합니다. 이 영양을 토대로 간은 탄수화물·단백질·지방 대사를 비롯해 담즙산 및 빌리루빈, 비타민과 무기질, 호르몬 대사까지 담당합니다. 더불어 **해독과 살균 작용** 같은 주요 기능도 수행합니다.

간이 이들 기능을 원활하게 수행하도록 하려면 우리가 매일 충분한 영양과 산소를 공급해주어야 합니다.

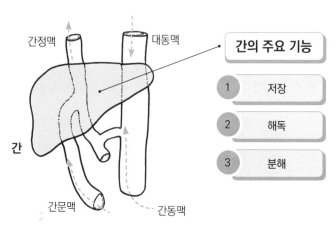

간은 우리 몸에서 대표적인 영양물질을 저장하고 필요할 때 꺼내 재활용하는 기능이 탁월합니다. 한마디로 간은 몸의 대사 수위를 조절하는 공장장입니다. 예를 들어 간은 비타민과 무기질 대사에서 비타민 D는 4개월, 비타민 A는 10개월, 비타민 B_{12}는 1년 이상 저장해 생명을 유지하게 합니다. 또한 철, 구리, 아연 등을 저장해 미네랄 대사를 돕습니다.

그 밖에 단백질의 아미노산으로 새로운 혈청단백질과 호르몬 등을 합성하고, 글리코겐을 에너지원인 포도당으로 전환해 사용합니다. 간에서는 하루에 약 50그램의 단백질이 합성됩니다. 이 중 총단백량의 25퍼센트 정도에 해당하는 12그램의 알부민이 만들어지는데, 이는 혈장(血漿, Plasma ; 적혈구·백혈구·혈소판 등을 제외한 혈액 속의 영양 액체 성분)의 건강과 탄력을 책임집니다.

간경화로 고통을 받을 때 복수가 차는 것은 간에서 알부민이 생성되지 않아 혈관의 삼투압 문제가 발생하면서 수분이 혈관 밖으로 빠져나오기 때문입니다. 그 외에 간은 지방이나 호르몬 대사에도 깊이 관여합니다. 결국 간의 건강은 곧 건강한 신진대사로 이어집니다.

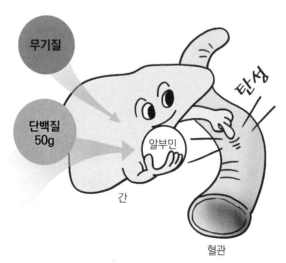

3 위

위(胃, Stomach)는 **단백질대사를 하는 대표적인 소화기관입니다.** 식도와 십이지장 사이에 위치한 위는 횡격막 바로 아래 명치에 있으며 최대 1,500cc의 용량을 담을 수 있습니다. 물론 여자는 이보다 15퍼센트 적은 1,275cc 정도입니다.

위는 위산(胃酸, Gastric Acid; 위액에 들어 있는 산성물질)을 분비해 소화를 돕습니다. 이러한 위산은 식사 때마다 500~700밀리리터가 분비되며 여기에는 염산과 위벽을 보호하는 뮤신(Mucin) 등이 포함됩니다. 위의 말단에서는 가스트린(Gastrin) 호르몬이 분비되는데 이것은 위산과 이자액 분비를 유도하고 위, 소장, 대장의 움직임을 촉진합니다.

위의 벽세포와 주세포에서는 염산과 펩시노겐(Pepsinogen) 분비를 늘리고, 위산은 펩시노겐 효소를 펩신으로 활성화해 단백질대사를 일으킵니다. 펩신의 기능을 잘 보여주는 pH는 1.5~3이며 위에서 염산이 충분히 분비되어야 펩신이 단백질 소화를 시작할 수 있습니다. 위에 병이 나는 것은 분비 효소가 부족하거나 위에 부담을 주는 스트레스, 과식 같은 식습관 때문입니다.

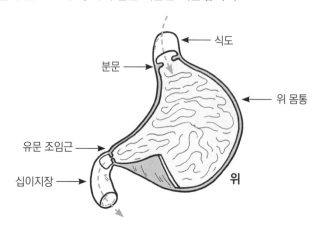

단백질대사(蛋白質代謝, Protein Metabolism)는 위장에서부터 시작됩니다. 이러한 단백질대사에는 프로테아제(Protease)라는 효소가 작용하는데 이는 단백질대사를 돕는 효소를 통틀어 일컫는 말입니다.

위에서는 펩신이 작용해 단백질을 폴리펩티드(Polypeptide)로 분해하고, 췌장에서는 트립신(Trypsin) 효소가 단백질을 아미노산으로 분해해 소장에서 흡수되도록 합니다. 그러면 세포 내의 미토콘드리아에서 다시 인체가 사용하도록 불순물을 제거하고 리보솜(Ribosome)에서 단백질을 합성합니다. 이것은 소포체(小胞體, Endoplasmic Reticulum)가 운반해 몸에 사용합니다.

단백질은 20여 개의 아미노산으로 구성되어 있는데 이 중 9개는 필수아미노산으로 외부에서 반드시 섭취해야 하는 필수성분입니다. 결국 단백질대사의 질을 완벽에 가깝도록 높이기 위해서는 필수아미노산을 신경 써서 공급해야 합니다.

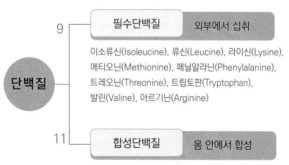

9 — **필수단백질** 외부에서 섭취

단백질

이소류신(Isoleucine), 류신(Leucine), 라이신(Lysine),
메티오닌(Methionine), 페닐알라닌(Phenylalanine),
트레오닌(Threonine), 트립토판(Tryptophan),
발린(Valine), 아르기닌(Arginine)

11 — **합성단백질** 몸 안에서 합성

아스파라긴(Asparagine), 아스파르트산(Aspartic Acid),
시스테인(Cystine), 글루타민(Glutamine),
글루탐산(Glutamic Acid), 글리신(Glycine),
히스티딘(Histidine), 알라닌(Alanine)
프롤린(Proline), 세린(Serine), 티로신(Tyrosine)

4   십이지장

십이지장(十二指腸, Duodenum)은 **지방대사를 하는 기관입니다.** 그 이름은 손가락 12개를 옆으로 늘어놓았다는 뜻이지만 사실 십이지장은 그보다 더 긴 25센티미터에 'C'자 모양을 하고 있습니다. 이러한 십이지장은 소장에 속하며 소장의 앞부분에 있습니다.

우리가 섭취하는 지방은 보통 십이지장에서 분해됩니다. 먼저 십이지장 점막에서 세크레틴(Secretin) 호르몬이 분비되는데 이것은 혈액을 타고 췌장에서는 리파아제(Lipase) 효소를, 간의 담낭에서는 담즙산(쓸개즙) 분비를 촉진합니다. 이들은 지방을 분해 및 흡수하며 다 흡수하지 못한 나머지는 소장이 흡수하게 합니다. 또한 지용성 영양인 비타민과 여러 가지 물질을 흡수하는데 특히 칼슘과 철분은 십이지장에서 거의 대부분 흡수합니다.

지방은 열량이 매우 높은 영양으로 인체 내에 20퍼센트 미만을 유지해야 건강한 삶을 누릴 수 있습니다. 인체 내에 지방이 과도하게 축적되면 여러 가지 질병의 원인으로 작용합니다.

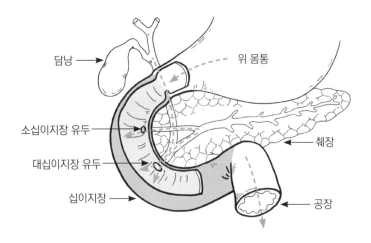

지방대사(脂肪代謝, Fat Metabolism)는 '십이지장 사총사', 즉 유문, 장액, 쓸개즙, 리파아제 효소가 수행합니다. 일단 위에서 강산을 만난 음식물이 유문(幽門, Pylorus)에 도달합니다. 그러면 십이지장은 유문을 살짝 열어 강산에 범벅된 음식물을 조금만 받고 얼른 닫아버립니다. 너무 많이 들어오면 강산 때문에 십이지장이 녹아버릴 수 있기 때문입니다. 십이지장이 녹아버린 상태가 바로 **십이지장궤양**입니다.

음식물이 십이지장에 도달하면 알칼리성이 강한 담즙산과 췌장의 리파아제 효소가 쏟아져 나와 중화하면서 분해가 이뤄집니다. 그리고 십이지장 표면에서 장액이 나오는데 이는 소장 점막 전체에 분포된 장선(腸腺)에서 분비되며 탄수화물, 지방, 단백질을 모두 흡수할 수 있습니다.

열량 에너지의 흡수 이동 경로

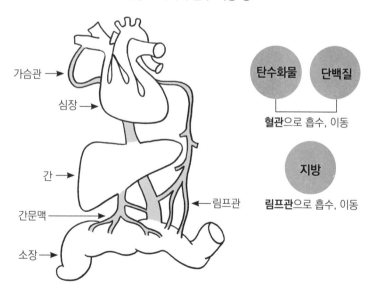

가슴관
심장
간
간문맥
소장
림프관

탄수화물 단백질
혈관으로 흡수, 이동

지방
림프관으로 흡수, 이동

췌장

   췌장(膵臟, Pancreas)은 3대 영양소, 즉 탄수화물, 지방, 단백질을 모두 대사하는 중요한 기관입니다. 위의 뒤쪽, 십이지장의 좌측에 있는 췌장은 무게 80그램에 길이가 15센티미터 정도로 납작하며 표면이 울퉁불퉁합니다. 이러한 췌장은 회색빛을 띠는 핑크색으로 호르몬 분비에 따라 두 가지 기능으로 나뉩니다.

   하나는 지방소화액인 리파아제를 분비하는 외분비부입니다. 다른 하나는 혈당이 많으면 알파(α)세포에서 인슐린 호르몬을, 혈당이 적으면 베타(β)세포에서 글루카곤 호르몬을 분비해 당(포도당) 대사를 조절하는 내분비부입니다.

   내분비 호르몬은 모두 랑게르한스섬(Langerhans Islets)에서 분비되는데, 그 용적이 췌장의 1~2퍼센트입니다. 만약 미주신경(迷走神經, Vagus Nerve)의 지배를 받는 이들 내분비 호르몬에 신경 문제가 발생하면 췌장이 제 기능을 하지 못해 **당뇨병**에 걸릴 수 있습니다.

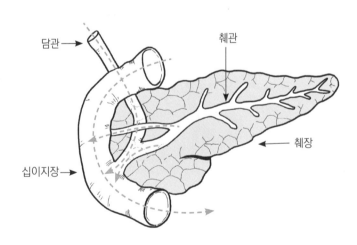

담관

췌관

췌장

십이지장

당은 최고의 에너지원이지만 탄수화물대사(炭水化物代謝, Carbohydrate Metabolism)가 제대로 이뤄지지 않으면 당뇨병은 물론 그 합병증과 함께 비만을 불러일으킵니다.

일차적으로 췌장에서 분비한 췌장액이 십이지장에 도달해 활성화되면 **탄수화물, 지방, 단백질**을 분해합니다. 이때 탄수화물이 포도당으로 최종 분해되면 랑게르한스섬의 베타세포에서 분비된 인슐린이 포도당을 세포까지 운반합니다. 만약 끼니를 걸러 에너지가 부족할 경우에는 알파세포에서 글루카곤 호르몬을 분비합니다. 이 글루카곤은 간에 저장된 지방을 에너지원으로 변환해 혈당을 상승시킵니다.

이 둘은 상반된 작용을 하지만 결국 인체 내 에너지대사에 협조합니다. 이들을 조절하는 것은 시상하부의 명령에 따라 췌장의 델타(δ)-세포에서 분비되는 소마토스타틴(Somatostatin) 호르몬입니다.

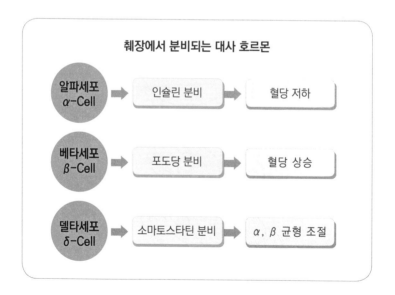

소장(小腸, Small Intestine)은 **미네랄과 비타민분 아니라 대부분의 영양을 소화 및 흡수하는 기관입니다.** 먼저 입과 위, 간, 십이지장, 췌장은 음식물의 영양이 잘 흡수되도록 분해합니다. 이러한 기관을 거치면 음식물은 소화하기 쉬운 유미즙(乳糜汁, Chyme) 상태로 바뀝니다.

그 이후 음식물이 소장에 들어오면 소장은 줄기차게 융모(絨毛, Villus)에서 장액(腸液, Intestinal Juice; 장선[腸腺] 및 장점막 상피에서 분비되는 소화액)을 내뿜으며 유미즙 형태의 영양 성분을 흡수합니다.

이러한 소장은 전체 길이가 6~7미터로 십이지장, 공장, 회장의 세 부분으로 구분합니다. 소장에는 운동기능, 분비기능, 흡수기능이 있으며 소장을 통과하는 데는 3~6시간이 걸립니다.

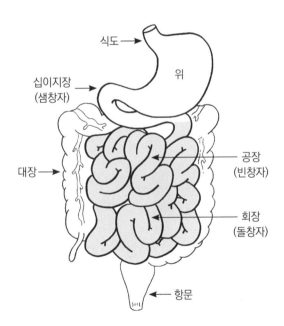

식도

위

십이지장
(샘창자)

대장

공장
(빈창자)

회장
(돌창자)

항문

 영양의 흡수는 영양을 섭취하는 것만큼이나 매우 중요한 일입니다. 영양은 대부분 소장의 긴 터널을 통과하면서 흡수됩니다. 그 흡수는 소장에 무수히 존재하는 융모에서 이뤄집니다.

 융모는 '덥수룩한 털'이라는 의미의 라틴어로 길이가 0.2~1밀리미터입니다. 이 융모의 표면에는 미세융모(微細絨毛, Microvillus)가 촘촘히 붙어 있습니다. 소장에는 세포 하나당 약 3,000개의 미세융모가 있는데 이것은 **영양의 흡수 능력**을 높이는 역할을 합니다.

 영양 성분 중 포도당과 아미노산 등의 수용성 물질은 모세혈관으로 흘러들어가 혈류를 타고 심장으로 보내집니다. 반면 지방산과 글리세롤 같은 지용성 성분은 림프관이 흡수합니다. 만약 질병에 걸리면 융모 손상은 물론 영양의 흡수가 어려워져 영양 부족 상태에 이를 수 있습니다.

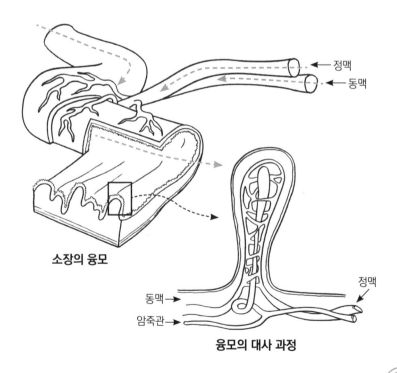

정맥

동맥

소장의 융모

정맥

동맥→

암죽관→

융모의 대사 과정

7 대장

대장(大腸, Large Intestine)은 **수분대사를 하는 기관**입니다. 먼저 소장에서 영양의 흡수가 모두 이뤄지면 잔여물과 수분이 대장으로 밀려 나옵니다. 그러면 대장은 수분을 흡수해 잔여물을 고형분 형태로 만듭니다. 이때 장내세균이 발효와 분해 작업을 하는 과정에서 생성된 탄산가스, 산성종말산물, 수소, 메탄 및 독성 아민 등은 대변을 통해 밖으로 배출됩니다. 인체는 그렇게 불순물을 처리해 몸에 독이 발생하는 것을 막습니다.

대장은 소장에서 흡수되지 않고 떠밀려온 영양 성분을 최종 흡수하기도 하지만 그 양은 매우 미미합니다. 소장과 대장 사이에 자리 잡은 맹장(盲腸, Cecum)은 대장의 내용물이 회장으로 역류하는 것을 막는데, 그 전체 길이는 약 1.5미터로 여기에는 항문도 포함됩니다.

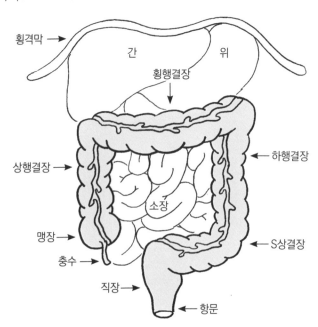

장내세균(腸內細菌, Enteric Bacteria)은 100여 종이고 전체 질량
은 약 1.5킬로그램입니다. 이러한 장내세균은 유익균과 유해균이
8 : 2의 비율을 유지하면서 대장의 건강을 책임지며 인간과 공생
하고 있습니다. 장내세균의 이 비율과 조화는 면역이 담당합니다.

만약 우리가 **면역을 약화시키는 음식물을 섭취하면** 장내에 유해균
수가 급증합니다. 그러면 인체는 유해균에 수분(Water)이라는 수갑
을 채운 뒤 설사라는 처방으로 재빨리 배출해버립니다. 장내 유익
균은 소장에서 소화되지 않은 다당류(Polysaccharide)를 단순지방
산으로 바꿔 흡수시킵니다. 이때 비타민 B와 비타민 K가 흡수를
돕는데 이들 성분은 장내 항산화 용도로 쓰이기도 합니다.

가령 우리가 감기나 질병에 걸려 항생제를 섭취하면 비타민 B
와 비타민 K가 파괴되어 장내환경이 나빠집니다. 물론 유해균 침
투와 해로운 영향을 막기 위해 점막의 표면에서는 점막방벽(粘膜
防壁, Mucosal Barrier)이라는 매끈한 점성물질이 대장을 보호합니
다. 그럼에도 불구하고 질병에 걸리면 **장누수증후군**(腸漏水症候群,
Leaky Gut Syndrome)이 발생해 전신에 염증이 생기기도 합니다.

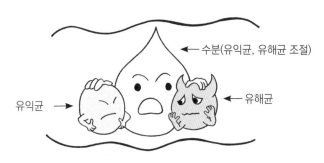

수분(유익균, 유해균 조절)

유익균

유해균

● 구분: 유익균 + 유해균
● 비율: 80% : 20%
● 중량: 1.5kg
● 총수: 100조 개
● 종류: 500종 이상

폐(肺, Lung)는 **호흡대사**(呼吸代謝, Respiratory Metabolism)를 하는 기관입니다. 호흡으로 산소를 얻으면 폐는 탄수화물이나 지질 등의 유기호흡 기질을 이산화탄소와 물로 완전히 산화시켜 배출하고 에너지를 얻습니다.

폐는 무게가 500그램이지만 근육이 없기 때문에 수축하지 못합니다. 따라서 일단 망가지면 폐는 바람 빠진 풍선처럼 되어버려 재생이 불가능합니다.

사람의 호흡기는 코, 기관, 폐로 구성되어 있는데 이 중 기관은 두 가닥의 기관지로 나뉘어 좌우 폐로 들어갑니다. 오른쪽 폐는 3개의 폐엽, 왼쪽은 2개의 폐엽으로 이루어져 있고 가는 기관지의 끝에는 포도송이처럼 생긴 **폐포**(肺胞, Lung Sac)가 있습니다.

약 3억 개에 달하는 폐포를 펼치면 테니스 코트의 절반을 덮을 수 있는 넓이가 됩니다. 폐포 하나하나는 모두 거미줄 같은 모세혈관으로 덮여 있어서 심장이 공급하는 혈액이 이 모세혈관 끝까지 빠짐없이 스며듭니다.

이 혈관을 지나는 적혈구(혈액이 머무는 시간은 약 0.7초)는 싣고 온 탄산가스를 폐포 속에 퍼트리고 대신 산소를 받아서 갑니다. 이는 마치 가스 판매점에서 가스를 바꿔가는 것과 같습니다.

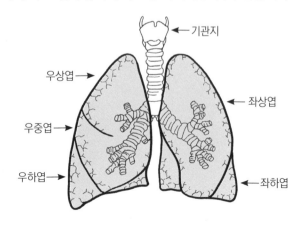

호흡으로 인체 내에 들어온 질소는 단백질 합성과 질량을 만드는 데 쓰이고, 산소는 에너지를 얻는 일에 관여합니다. 산소 공급은 생명 유지 및 연장을 위해 필수적인 일입니다. 산소가 없으면 모든 대사가 이뤄지지 않기 때문입니다. 이것을 유기대사라고 하는데 호흡대사나 에너지대사로 불리기도 합니다.

호흡은 외호흡과 내호흡으로 나뉩니다.

외호흡은 폐포를 통해 산소와 이산화탄소를 교환하는 것으로 세포호흡이라 부르기도 합니다. 혈액 속의 헤모글로빈이 폐포에서 받아들인 산소를 세포 내 미토콘드리아로 운반하면, 미토콘드리아에서는 산소를 이용해 포도당 같은 영양분을 분해함으로써 에너지를 얻습니다. 포도당은 물과 이산화탄소로 분해되고 이때 세포 내 모든 활동에 필요한 에너지가 생성되면서 생명기능이 유지됩니다.

우리가 음식물을 섭취하는 이유는 에너지를 얻기 위해서입니다. 이러한 에너지는 탄수화물, 지방, 단백질 같은 영양소가 미토콘드리아에서 산소를 이용한 산화 과정을 거치며 생깁니다. 여기에서 생성된 이산화탄소는 혈액을 타고 이동하다가 폐포의 모세혈관에서 기체로 바뀌어 밖으로 배출됩니다.

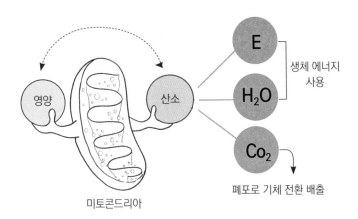

영양 산소 E H_2O Co2

생체 에너지 사용

폐포로 기체 전환 배출

미토콘드리아

9 갑상선

갑상선(甲狀腺, Thyroid Gland)은 **신진대사의 사령관 역할**을 하는 **기관**입니다. 무엇보다 기초대사와 발육, 체온조절에 깊이 관여합니다. 갑상선 신진대사를 총괄하며 대사를 하려면 갑상선의 명령이 있어야 하는데, 그 명령을 내리는 것이 바로 **티록신**(Thyroxine) **호르몬**입니다. 이러한 티록신 호르몬은 아이오딘을 원료로 하며 이 원료가 부족할 경우 갑상선기능저하증 같은 질병이 발생합니다.

갑상선은 기초대사나 체온 등에 필요한 단백질을 합성하는 것은 물론, 갑상선 호르몬을 만들어 저장했다가 필요할 때마다 혈액으로 보내는 일을 합니다. 갑상선 호르몬은 사람에게 없어서는 안 되는 물질로 인체의 대사 과정을 촉진해 모든 기관이 기능을 적절히 유지하도록 합니다. 예를 들면 체온을 일정하게 유지하고 태아와 신생아의 뇌나 뼈 성장에 도움을 주는 역할을 합니다. 만약 태아기나 성장기에 갑상선 호르몬이 부족하면 키가 작고 지능이 낮아집니다.

또한 갑상선호르몬은 몸 안의 여러 대사를 섬세하게 조절해서 만든 에너지가 제대로 쓰이게 합니다. 가령 심장박동수를 늘리고 스트레스에 적절히 대응하게 하며 적혈구 생성을 늘려 산소 공급이 충분히 이뤄지도록 합니다. 그뿐 아니라 근육과 뼈의 기능을 좋게 유지하고 호르몬이 올바로 작용하도록 돕습니다.

부갑상선(副甲狀腺, Parathyroid Gland)에서는 **칼시토닌과 파라토르몬**(Parathormone) **호르몬**이 분비됩니다. 이 두 호르몬은 혈중 내 칼슘과 인의 농도를 조절함으로써 뼈와 신장에 작용합니다. 만약 칼슘의 농도가 적절하지 않으면 몸에 경련과 마비증상 등이 발생하는데, **부갑상선은 약 120종류의 일에 관여해 항상성을 유지해 줍니다.**

예를 들어 칼슘의 농도가 높으면 칼시토닌 호르몬은 칼슘 농도를 떨어뜨리기 위해 신장(콩팥)의 문을 열어 칼슘을 배출합니다. 동시에 소장에서의 칼슘 흡수를 차단해 골 손실을 막음으로써 골연화증이나 골다공증을 억제합니다. 반대로 칼슘의 농도가 낮을 경우 몸에서는 결석이나 삼투압 등의 문제가 발생할 수 있습니다. 이때 파라토르몬 호르몬이 분비되어 뼈에서의 칼슘 방출을 촉진하고 대사에 관여하게 합니다.

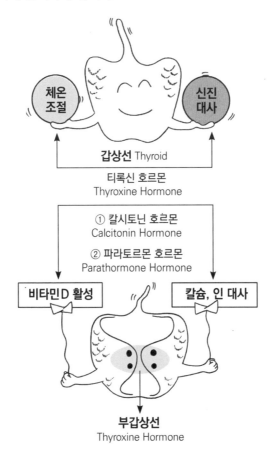

66

우리가 아는 질병의 90퍼센트는
대사 문제로 발생합니다.
이는 곧 대사 문제만 해결하면
90퍼센트의 질병을
바로잡을 수 있다는 의미입니다.

99

제5장

대사증후군의
종류와 원인

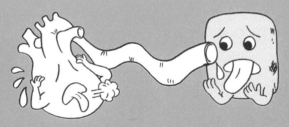

1 암

  암(癌, Cancer)은 270여 종류로 세포의 모양에 따라 그 종류가
나뉩니다. 정부는 그중에서 사람들이 잘 걸리는 10대 암을 별도
로 선별해 통계를 내고 관리합니다.

  정상세포는 자체 조절기능에 따라 스스로 분열 및 성장하다가
수명이 다하거나 손상되면 사멸해 세포의 수를 균형 있게 유지
합니다. 그런데 여러 가지 원인으로 세포 자체의 조절기능에 문
제가 발생하면 세포가 비정상적으로 증식하고 불완전하게 성숙
해 암으로 발전합니다.

  우리가 흔히 듣는 '종양(Tumor)'이란 이처럼 **비정상적으로 자라
난 덩어리**를 말합니다. 양성종양(Benign Tumor)은 성장 속도가 느
리고 전이(轉移, Metastasis)되지 않는 데 반해, 악성종양(Malignant
Tumor)은 주위 조직에 침윤해 빠르게 성장하면서 신체 각 부위로
확산되거나 전이되어 생명을 위협합니다. 한마디로 **악성종양은
암과 동일한 의미입니다.**

  암을 병리학적으로 보면 크게 상피성(上皮性)세포에서 발생하
는 암종(Carcinoma), 비상피성세포에서 발생하는 육종(Sarcoma),
혈액의 생성세포에서 발생하는 림프종, 백혈병으로 나뉩니다.
특히 암을 소모성질환으로 보는 이유는 많은 에너지를 소모시키
고 또한 에너지가 부족할 때 발생하기 때문입니다.

  암은 침윤과 전이에 따라 1~4기의 병기(病期, Clinical Staging)
로 나뉘며 이를 토대로 **수술, 항암, 방사선** 같은 **치료법**을 선택합니
다. 1기는 암이 점막하층까지 도달하거나 전이되지 않아 치료율
이 높지만, 4기는 이미 다른 세포나 장기까지 전이된 상태라 치

사율이 높습니다.

세포는 많은 영양소를 필요로 합니다. 이는 세포가 대사를 통해 분열 및 성장하기 때문입니다. 영양소가 부족해지면 세포에 염증이 생기거나 비만이 발생하기도 합니다. 세포가 비정상적인 DNA를 복제해 문제성 있는 세포로 발전하는 경우도 있습니다. 그러면 세포는 극단적으로 자살을 시도하기도 합니다.

이는 모두 **대사에 필요한 영양 결핍**에서 비롯됩니다. 정상세포를 계속 유지하려면 영양을 꾸준히 공급해 세포가 필요로 하는 에너지가 지속적으로 생성되도록 해야 합니다.

66

**암은 대부분 영양 부족으로 발생합니다.
이것은 영양이 부족해져 대사가 잘 이뤄지지 않으면서
정상세포가 정상 분열을 하지 못해 발생하는
대사성질환이자 죽음의 질병입니다.**

99

암의 원인에는 여러 가지가 있지만 가장 두드러진 것은 신진대사 문제입니다. 우리가 매일 섭취하는 영양을 세포에 공급하고 세포 내 부산물을 밖으로 배출하는 대사가 잘 이뤄지지 않으면, 세포의 부산물이 결국 산화를 일으켜 많은 활성산소를 만들어냅니다.

이는 세포의 DNA에 변이를 일으키고 결국 암세포로 발전합니다. 산화(酸化)는 모든 것을 녹슬거나 병이 들게 만드는 죽음의 현상입니다. 산화된 몸은 독이 되어 암을 만들어내기 때문에 많은 사람이 **몸이 산성화되면 암에 걸린다**고 말하는 것입니다.

항산화제품이 인기를 끄는 이유가 여기에 있습니다. 이들 제품은 인체 내에서 생리 활성으로 산화된 몸을 알칼리화하는 역할을 합니다. 몸이 알칼리화하면 지금처럼 네 명 중 한 명꼴로 암의 표적이 되는 상황을 막을 수 있습니다.

암의 진행 단계

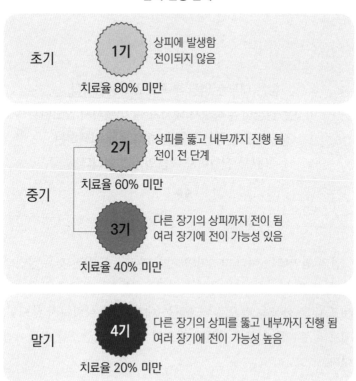

초기
1기
상피에 발생함
전이되지 않음
치료율 80% 미만

중기
2기
상피를 뚫고 내부까지 진행 됨
전이 전 단계
치료율 60% 미만

3기
다른 장기의 상피까지 전이 됨
여러 장기에 전이 가능성 있음
치료율 40% 미만

말기
4기
다른 장기의 상피를 뚫고 내부까지 진행 됨
여러 장기에 전이 가능성 높음
치료율 20% 미만

2 당뇨

당뇨는 **대사증후군의 대표적인 질환**입니다. 어찌나 많은 사람이 당뇨를 앓고 있는지 이제 당뇨병은 국민병을 넘어 국가의 한숨으로 바뀌고 있습니다. 당뇨로 인한 여러 가지 부작용이 사회에 큰 영향을 미치고 있기 때문입니다.

여러 전문가가 당뇨병의 원인으로 서구식 식생활을 지목합니다. 이는 서구식 식생활이 당뇨병과 깊은 관계가 있음을 시사하는 대목입니다. 실제로 당뇨는 서구식 식생활과 밀접한 관계가 있습니다. 서구식 식생활의 핵심은 육식이며 육식에는 포화지방이 다량 함유되어 있습니다.

이러한 포화지방은 혈전(血栓, Thrombus)의 원료로 이것이 췌장과 세포문에 달라붙어 인슐린 생성 및 사용을 저해합니다. 이때 당뇨병에 걸립니다. 특히 서울대학교 의과대학 생리학교실 연구팀이 비만인은 인슐린 생성을 과도하게 통제하거나 세포에 대한

정상혈당　　120 mg/dℓ ~ 80 mg/dℓ

① 공복혈당 70mg/dℓ ~ 100mg/dℓ
　 8시간 이상 공복 유지로 혈액검사
　 공복혈당에서 126mg/dℓ 시 당뇨병 간주
　 음식 섭취 후 140mg/dℓ를 넘으면 당뇨병 간주
② 저혈당 70mg/dℓ 이하

당뇨병　　~ 126 mg/dℓ 이상

① 소아형 당뇨(제1형, 인슐린 의존형) **10%**
　 췌장에서 인슐린 분비 부족
② 성인형 당뇨(제2형, 인슐린 비의존형) **90%**
　 세포에서 포도당 흡수 부족

반응성을 떨어뜨려 당뇨병에 걸릴 확률이 높다는 점을 밝혀냈듯, 비만인은 당뇨에 상당히 취약합니다.

쉽게 말해 당뇨는 탄수화물의 최종 분해물질인 포도당이 췌장의 베타세포에서 분비되는 인슐린의 비활성화 문제로 세포에 유입되지 못해 발생하는 질병입니다. 만약 포도당이 세포 내로 유입되지 못하면 혈관에 남아돌면서 혈관의 점성도(粘性度, Viscosity)가 높아져 혈액이 탁해집니다. 이때 혈압이 생기고 세포는 에너지원인 포도당을 원활히 공급받지 못해 굶어죽고 맙니다.

당뇨병에 걸리면 혈액 끈적임, 몸의 산성화가 나타나는데 이는 특히 수분대사에 악영향을 미칩니다. 그래서 당뇨병 환자는 당뇨 그 자체보다 합병증으로 고생합니다. 당뇨병에서 호전되려면 먼저 육식 위주의 식단을 피하고 혈액이 맑아지도록 물을 충분히 마셔야 합니다. 이때 가급적 따뜻한 물을 섭취하고 혈행을 돕는 식품을 섭취하는 것이 바람직합니다.

3 고혈압과 저혈압

혈압은 혈액을 순환시키기 위해 형성된 혈관 내의 압(壓)을 말합니다. 심장의 심실에서 혈액이 동맥으로 밀려 나가는 것을 수축기혈압(120㎜Hg)이라 하고, 반대로 심장의 심방으로 혈액이 모여드는 것을 확장기혈압(80㎜Hg)이라고 합니다. 바로 그 사이가 정상혈압입니다.

고혈압은 수축기가 140㎜Hg 이상이거나 확장기가 90㎜Hg 이상일 때를 말합니다. 이러한 고혈압은 우리나라 성인의 30퍼센트 이상에서 발견되는 아주 흔한 질환으로 발생 원인에 따라 크게 두 가지로 구분합니다.

먼저 1차성 고혈압인 **본태성 고혈압**(本態性高血壓, Essential Hypertension)으로 이는 외부 원인이 명확하지 않은 고혈압증을 말합니다. 대개 원인을 알 수 없는 유전적 성향이 강하며 고혈압 환자의 90~95퍼센트를 차지합니다.

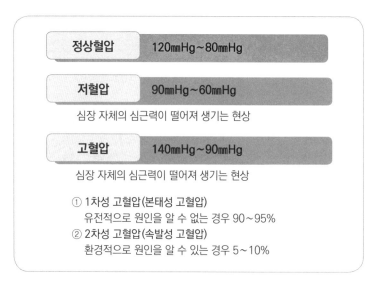

정상혈압 120㎜Hg~80㎜Hg

저혈압 90㎜Hg~60㎜Hg
심장 자체의 심근력이 떨어져 생기는 현상

고혈압 140㎜Hg~90㎜Hg
심장 자체의 심근력이 떨어져 생기는 현상

① 1차성 고혈압(본태성 고혈압)
　유전적으로 원인을 알 수 없는 경우 90~95%
② 2차성 고혈압(속발성 고혈압)
　환경적으로 원인을 알 수 있는 경우 5~10%

그 다음으로 2차성 고혈압인 **속발성 고혈압**(續發性高血壓, Secondary Hypertension)이 있는데 이것은 기존에 앓고 있던 다른 질환으로 인해 고혈압이 발생하는 것을 말합니다. 전체 고혈압 환자의 5~10퍼센트가 여기에 해당하며 1차성 고혈압에 비해 고혈압이 갑자기 나타나고 혈압도 상대적으로 더 높은 경향이 있습니다.

한국인에게 고혈압이 많은 이유는 김치처럼 짠 음식을 많이 섭취하기 때문이라는 속설도 있습니다. 이와 반대로 수축기가 90㎜Hg보다 낮거나 확장기가 60㎜Hg 아래에 있으면 저혈압입니다.

사람이 나이를 먹으면 혈관의 탄력을 잃게 마련입니다. 혈관의 탄력이 떨어지면 몸은 그만큼 위험에 노출되는데 그중 하나가 혈압입니다.

심장에서 보낸 혈액이 그 흐름을 방해하는 혈전 탓에 최종 말단까지 도달하지 못하면, 말단세포는 혈액을 제대로 공급해달라고 아우성을 칩니다. 그러면 자율신경의 교감신경은 심장박동수를 늘려 혈액을 보내기 위해 압을 더욱 세게 가합니다. 이때 발생하는 것이 바로 고혈압입니다.

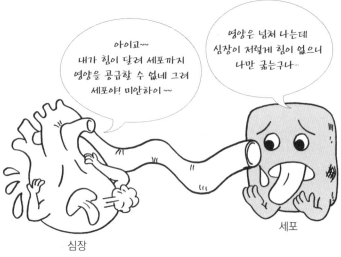

심장   세포

이런 현상이 반복적으로 일어나면 혈압이 상승합니다. 심하면 혈관이 터지면서 뇌졸중이나 뇌출혈이 발생해 생명이 위험해질 수 있습니다.

반대로 **저혈압**은 혈전이나 혈액보다 심장 자체의 문제가 큽니다. 심장의 심근력(心筋力, Heart Muscle)이 약해지면 심장은 정상적인 압으로 혈액을 공급할 수 없습니다. 심장의 전기 에너지가 부족하거나 관상동맥 문제로 저혈압이 올 수도 있습니다. 더러는 스트레스가 원인으로 작용하기도 합니다.

일단 심장에 문제가 발생하면 몸 전체에 건강의 적신호가 켜집니다. 신진대사의 교두보는 심장이므로 심장 건강에 각별히 신경을 써야 합니다.

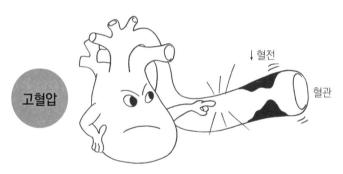

심장보다는 혈관의 문제

혈관보다는 심장자체의 문제

4 변비

변비(便祕, Constipation)는 의학적으로 배변이 힘든 경우와 3~4일에 한 번 미만의 배변을 보는 경우를 말하며, 전 인구의 20퍼센트 정도에서 나타날 만큼 흔한 질병입니다.

대장은 소화기관 중 가장 마지막에 위치해 음식물의 최종 부산물을 처리하는 곳입니다. 이곳에서는 장내세균을 통해 부산물을 관리하고 밖으로 배출하는 일을 합니다. 인간은 처음 태어날 때는 무균상태지만 젖을 물면서 장내세균이 증식해 자리를 잡습니다. 이때 소화기관의 마지막 단계에서 최종 부산물을 분해하는 역할을 맡습니다.

장에는 면역의 60퍼센트가 살고 있는데, 이는 부패하기 쉬운 장이 오염되거나 독소가 확산되는 것을 막기 위해서입니다. 이런 까닭에 변비가 생기면 면역에 악영향을 끼칠 수밖에 없습니다. 특히 변비는 면역의 과잉 흥분상태를 조장해 자가면역질환인 아토피에 걸릴 확률을 높입니다.

잘 먹는 것도 중요하지만 잘 배설하는 것도 그에 못지않게 신경을 써야 합니다.

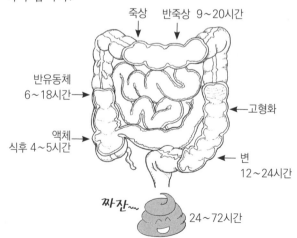

수면장애, 우울증, 만성피로를 비롯해 알레르기 반응이 심하거나 아토피로 고생하는 사람은 공통적으로 변비에 시달립니다. 대사를 마치고 나온 부산물이 모이는 장소는 대장의 횡행결장이나 하행결장입니다. 그런 다음 직장에 모여 밖으로 배출됩니다.

만약 대장의 기능이 떨어지거나 부패하기 쉬운 음식 혹은 독성을 유발하는 육류 위주의 식사를 하면 대장에 유해균이 늘어납니다. 특히 지방질 식사는 변을 무겁게 만들어 배변 활동에 지장을 주는데 이는 변비의 가장 큰 원인입니다.

대사가 좋은 사람은 거의 하루 만에 배변하지만 그렇지 않은 사람은 3일 정도가 되어야 배변할 수 있습니다. 그 시간 동안 변은 몸에 독을 퍼트리고 염증을 유발합니다.

변비는 대사성질환에 속하므로 약에 의존하기보다 바른 생활습관으로 장을 건강하게 관리해 변비를 치유하는 것이 좋습니다. 약에 의존하다가 장이 약에 길들여지면 장운동이 원활치 않아 만성 변비로 발전하기 때문입니다.

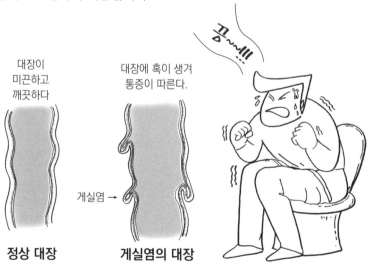

대장이
미끈하고
깨끗하다

대장에 혹이 생겨
통증이 따른다.

게실염 →

정상 대장　　　**게실염의 대장**

피부는 몸 전체에서 이뤄지는 대사의 최종 산물이 어떤 결과를 내는지 잘 보여줍니다. 피부의 가장 큰 기능은 몸을 보호하는 일입니다. 이는 몸 안의 장기들이 각자 대사를 잘하도록 하기 위한 보호입니다. 결국 **피부가 건강하지 않다는 것은 몸 안이 건강하지 않다는 방증(傍證)입니다.**

피부는 몸의 가장 바깥에 있는 장기로 표피(Epidermis), 진피(Dermis), 피하지방(Subcutis)으로 나뉩니다. 표피는 0.1~0.3밀리미터 두께로 장벽(障壁, Barrier)을 만들어 외부로부터 몸을 보호하는 기능을 합니다. 진피는 2~3밀리미터 두께로 장력(張力, Tension)을 유지하기 위한 콜라겐, 히알루론산, 엘라스틴 같은 단백질 구조물을 형성합니다. 피하지방은 피부의 유수분 균형을 유지하고 충격으로부터 내부와 외부를 보호하는 기능을 합니다.

18제곱미터에 달하는 피부는 인체에서 가장 넓은 면적을 차지하고 있고 무게가 몸무게의 16퍼센트인 약 3킬로그램에 달하며, 매분마다 3~4만 개의 피부조직을 갈아치웁니다.

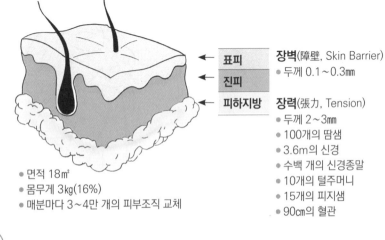

표피

진피

피하지방

장벽(障壁, Skin Barrier)
● 두께 0.1~0.3mm

장력(張力, Tension)
● 두께 2~3mm
● 100개의 땀샘
● 3.6m의 신경
● 수백 개의 신경종말
● 10개의 털주머니
● 15개의 피지샘
● 90㎝의 혈관

● 면적 18㎡
● 몸무게 3kg(16%)
● 매분마다 3~4만 개의 피부조직 교체

우리가 매일 내부 장기를 들여다볼 수는 없지만 자신의 피부를 통해 건강 상태를 확인하는 것은 가능합니다. 그래서 그런지 사람들은 앞 다퉈 피부를 가꾸는 일에 몰두합니다. 실제로는 몸 안을 먼저 가꿔야 건강한 피부를 유지할 수 있습니다. 몸 안에서 발생한 노폐물이 피부를 통해 배출되기 때문입니다.

피부에는 소화효소가 없어서 스스로 대사를 할 수 없습니다. 이에 따라 피부는 내부에서 발생한 활성산소나 독성물질을 받아들여 노화를 촉진하는 내인성노화(內因性老化, Intrinsic Aging)의 원인이 되기도 합니다.

내인성노화를 촉진하는 주범은 바로 염증입니다. 이 염증은 몸속에서 불완전대사로 발생한 부산물입니다. 피부에 투자하는 노력과 돈으로 몸속을 더 챙겨야 하는 이유가 여기에 있습니다. 예를 들면 염증을 제거하는 항염식품이나 기능식품을 섭취하고 산화를 막아주는 항산화식품을 꾸준히 먹어야 합니다.

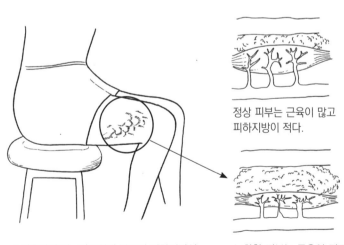

정상 피부는 근육이 많고 피하지방이 적다.

노화한 피부는 근육이 적고 피하지방이 많다.

▲셀룰라이트는 과도하게 분포된 피하지방이 굳은 현상이다.

강낭콩처럼 생겨서 콩팥이라고도 불리는 신장(腎臟, Kidney)은 횡격막 바로 아래에 양쪽으로 2개가 존재하며, 몸의 수분대사와 전해질대사를 담당하고 있습니다. 이러한 신장은 길이 10~14센티미터, 무게 120~190그램이며 적갈색을 띱니다.

신장의 기능은 크게 세 가지로 나눌 수 있습니다.

첫째, 대사를 통해 생성된 대사산물과 노폐물을 소변을 통해 밖으로 배출합니다.

둘째, 체내 수분량, 전해질 농도, 혈액의 산성도 등 항상성 유지 기능을 합니다.

셋째, 나트륨 및 칼륨으로 혈압을 유지하고 칼슘과 인 대사에 중요한 여러 가지 호르몬을 생산하거나 활성화하는 내분비 기능을 합니다.

이때 200만 개가 넘는 네프론(Nephron; 소변을 만드는 콩팥의 구조와 기능의 기본 단위)의 세뇨관(細尿管, Renal Tubule)이 99퍼센트를 재흡수하고 1~1.5리터의 소변이 만들어져 밖으로 배출됩니다.

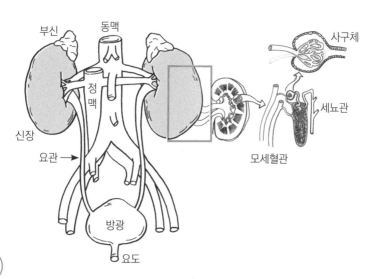

　자동차의 엔진은 주행 출력을 올리지만 무리하면 엔진이 과열되고 때론 불이 붙습니다. 이때 엔진 과열을 막고 조절하는 기관이 바로 라디에이터(Radiator)입니다. 라디에이터는 냉각수를 이용해 열의 일부를 방출하는 장치로 우리 몸의 신장에 해당합니다.

　신장은 심장이 내뿜는 에너지의 열을 조절하고 그에 따른 부산물을 밖으로 배출하는 기능을 담당합니다. 두 개의 신장이 매일 160리터의 물을 활용해 몸의 수분대사를 책임지고 있는 것입니다. 하지만 수분 부족과 신장에 해로운 음식은 여러 가지 질병을 초래합니다. 가령 신부전증이나 신우염 같은 질병으로 신장투석이라는 극단적 상황까지 가면 몸에 복수가 차고 혈압이 올라가는 등 대사성질환에 걸리고 맙니다.

심장질환

하루에 쉬지 않고 10만 번의 펌프질을 하는 심장은 대사를 통한 생명 연장의 버팀목입니다. 심장근육은 분당 60~70회 수축하는데 이는 70세를 기준으로 평생 26억 번을 쉬지 않고 일하는 셈입니다.

수축할 때 심장은 대략 80밀리리터의 혈액을 대동맥으로 내보냅니다. 그리고 분당 약 5리터의 피가 심장을 거쳐 인체를 돈 뒤 40~50초 만에 다시 심장으로 되돌아옵니다. 성인을 기준으로 무게가 350~500그램인 심장은 주먹만 한 크기로 왼쪽과 오른쪽에 각각 2개의 방이 있습니다. 혈액은 이 심방에 담겼다가 다시 심실에서 내보내는데 이 모든 일은 자율신경계와 호르몬의 영향을 받아 이뤄집니다.

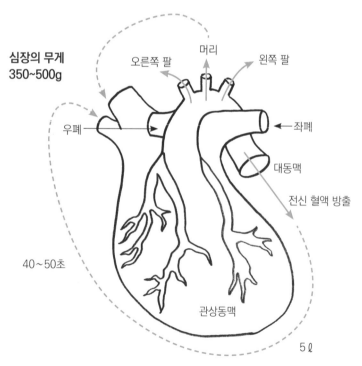

심장의 무게
350~500g

오른쪽 팔   머리   왼쪽 팔

우폐   ← 좌폐

대동맥

전신 혈액 방출

40~50초

관상동맥

5ℓ

심장은 허파에서 산소를 가지고 돌아온 혈액과 영양을 전신에 보내는 일을 담당합니다. 좌심실에서 나온 혈액은 대동맥(大動脈, Aorta)을 거쳐 동맥(動脈, Artery)으로 흘러 들어갑니다. 그런데 느린 혈류, 과다한 응고, 혈관 손상으로 혈전(血栓, Thrombus)이 생기면 혈전증(血栓症, Thrombosis)이 발생합니다. 이 경우 보통 시술을 위해 조영술(造影術, Angiography)을 시도합니다. 혈관은 단순 엑스레이(X-Ray)로는 나타나지 않기 때문입니다.

이어 도관 삽입 수술을 시도하는데 이를 라스텔리(Rastelli) 수술이라고도 합니다. 이것은 쉽게 말해 막힌 혈관에 관을 넣어 혈액이 흐르게 하는 방법입니다. 하지만 이미 혈관 전체가 더럽혀졌거나 탄력이 떨어진 상태이므로 도관 삽입 방법은 임시방편일 뿐입니다. 어디까지나 혈액이 잘 흐르도록 평소에 꾸준히 운동을 하고 영양을 골고루 섭취해야 합니다. 특히 올바른 생활습관을 길러 혈액순환에 도움을 주어야 합니다.

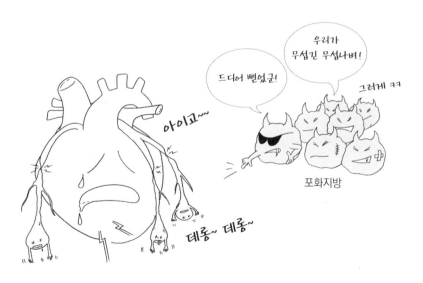

8 호흡기질환

　호흡은 폐(肺, Lung)를 통해 이뤄집니다. 폐는 오른쪽 3개, 왼쪽 2개의 폐엽으로 이루어져 있고 그 안에는 포도송이처럼 생긴 폐포(肺胞, Lung Sac; 허파꽈리라고도 함)가 3~5억 개 있습니다. 이러한 **폐포를 통해 가스 교환이 이뤄지는 것입니다.**

　폐포는 지름 0.1~0.2밀리미터, 면적 50~100제곱미터로 이것을 펼쳐놓으면 테니스 코트의 절반을 덮을 수 있을 만큼 넓습니다. 혈액의 적혈구가 이러한 폐포를 약 0.7초 사이로 지나면서 탄산가스를 건네주고 호흡으로 들어온 산소를 받아 지나갑니다. 그런 다음 심장을 거쳐 전신에 산소를 운반해주는데, 이것을 **호흡대사**(呼吸代謝, Respiratory Metabolism)라고 합니다.

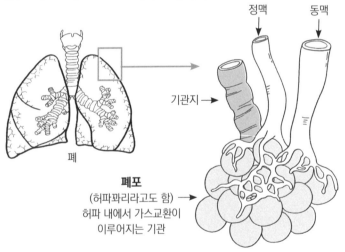

정맥　　동맥

기관지 →

폐

폐포
(허파꽈리라고도 함)
허파 내에서 가스교환이
이루어지는 기관

　우리가 매일 들이마시는 공기를 정확히 분석하면 질소가 78.03퍼센트로 가장 큰 비중을 차지합니다. 질소는 인체 내에서 질량을 책임지며 근육량을 높이는 역할을 합니다. 또한 탄성을 유지하고 대사에 영향을 미칩니다.

우리가 익히 알고 있는 산소는 20.95퍼센트에 불과합니다. 나머지 1퍼센트 내외는 아르곤 0.94퍼센트, 이산화탄소 0.03퍼센트이며 그 밖에 네온(Ne)·헬륨(He)·크립톤(Kr)·크세논(Xe) 등 소량의 각종 기체로 구성되어 있습니다.

우리는 하루에 산소를 약 14킬로그램 마시는데 인체는 이 중 20퍼센트를 에너지대사에 씁니다. 산소는 포도당과 만나 물, 이산화탄소, 에너지를 만들고 그 이산화탄소가 혈액의 pH 농도를 유지해줍니다. 그러나 필요량 이상으로 늘어나면 신장이나 호흡으로 배출됩니다.

건강한 공기
(과거의 공기)

더러운 공기
(현재의 공기)

한 번의 호흡으로 500밀리리터의 공기가 들어오고 1분간 7~8리터의 양이 교체되면서 4리터의 공기를 채웁니다. 호흡기질환은 소모성질환에 속하는데 대표적인 질환으로 결핵, 기관지염, 비염, 천식이 있습니다. 특히 기관지확장증과 만성폐쇄성질환은 겨울철에 발생 빈도가 높습니다.

폐에는 항상 좋은 공기를 공급해줘야 합니다. 인체 내에 나쁜 공기가 들어오면 폐의 호흡대사가 어려워지고 이는 몸 전체에 산소 결핍을 초래해 활성산소가 다량 생성됩니다.

또한 폐가 건강하게 제 기능을 다하도록 하려면 에너지가 많이 필요하므로 충분한 영양을 공급해줘야 합니다. 폐질환을 소모성질환이라고 하는 이유가 여기에 있습니다.

9   소화기질환

소화기관(消化器官, Digestive organ)이란 입부터 시작해 항문까지 전체 12미터를 말합니다. 동양인은 주로 육식을 하는 서양인보다 그 길이가 2~3미터 짧습니다. 이는 서양인의 소화기관이 육식으로 인해 발생하는 독소를 빨리 배출하고자 퇴화했기 때문입니다.

소화기관은 외부에서 들어온 음식물을 분해, 흡수, 소화, 배설하는 곳입니다. 이러한 작용을 위해서는 각 장기마다 소화액을 충분히 분비해야 합니다. 구체적으로 침 1리터 이상, 위액 2.5리터, 췌장액 1리터, 장액 3리터, 담즙산 0.5리터 등 소화를 위해 전체 약 8리터의 소화액이 분비됩니다.

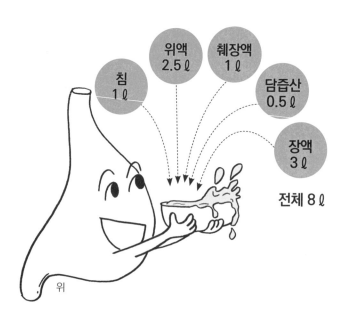

몸은 전체적으로 생존을 위해 필사적으로 협력하며 영양대사
도 그런 노력을 통해 이뤄집니다. 그 첫 번째 협력이 소화액과 소
화효소의 작용입니다. 특히 효소는 영양을 잘게 부수는 역할을
합니다. 잘게 부수지 못하면 값어치가 떨어지고 사용하기도 힘듭
니다. 결국 효소 분비는 생존의 첫 관문입니다.

음식물을 소화하는 소화기관의 중요 소화 효소

기관	분비 효소	pH	기능
침샘	아밀라제	6.5~6.9	녹말 → 엿당
위	펩신 리파아제 레닌	1.0 → 2.0 4.0	단백질 → 폴리펩티드 폴리펩티드 → 아미노산 카세인 → 응고 카세인
간	쓸개즙 알데하이드		프로리파아제 → 리파아제 알코올 분해
이자	아밀라제 리파아제 트립신 키모트립신	6.7 → 7.1 7.0 → 8.0 7.0 → 8.0 7.0 → 8.0	녹말 → 엿당 지방 → 1글리세롤 + 3지방산단백질 폴리펩티드 → 키모트립신 폴리펩티드 → 펩티드
소장	말타아제 락타아제 수크라아제 펩티다아제 엔테로키나아제 뉴클레아제	7.5 → 8.5 7.5 → 8.5 7.5 → 8.5 7.5 → 8.5 7.5 → 8.5 7.5 → 8.0	엿당 → 포도당 + 포도당 젖당 → 포도당 + 갈락토오스 설탕 → 포도당 + 과당 디펩티드, 트리펩티드→ 아미노산 트립시노겐 → 트립신 핵산 → 뉴클레오티드

10 갑상선질환

갑상선질환은 크게 두 가지로 나뉩니다. 하나는 갑상선에서 분비되는 티록신 호르몬이 부족해서 발생하는 **갑상선기능저하증**이고, 다른 하나는 분비가 너무 왕성해서 발생하는 **갑상선기능항진증**입니다. 이 둘은 서로 반대 작용을 하는데 이것을 좌우하는 것은 갑상선자극 호르몬입니다.

갑상선기능저하증이 발생하면 대사가 어려워져 살이 찌고 마른 땀이 나며 급성피로를 호소합니다. 이것이 만성으로 진행될 경우 하시모토갑상선염(1912년 일본인 하시모토가 처음 명명)을 일으킵니다.

갑상선기능항진은 에너지 대사가 지나치게 왕성해 마른 비만과 불안감을 초래하는데, 그 대표적인 질병이 그레이브스(Graves)입니다.

면역 저하로 발생하는 이 두 가지 질병은 자가면역질환에 속합니다.

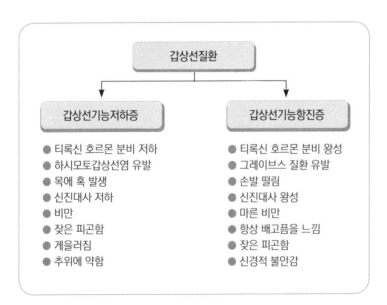

갑상선질환

갑상선기능저하증
- 티록신 호르몬 분비 저하
- 하시모토갑상선염 유발
- 목에 혹 발생
- 신진대사 저하
- 비만
- 잦은 피곤함
- 게을러짐
- 추위에 약함

갑상선기능항진증
- 티록신 호르몬 분비 왕성
- 그레이브스 질환 유발
- 손발 떨림
- 신진대사 왕성
- 마른 비만
- 항상 배고픔을 느낌
- 잦은 피곤함
- 신경적 불안감

대표적인 대사성질환에 속하는 **갑상선질환**은 그 원인을 **요오드 부족**에서 찾을 수 있지만, **갑상선기능저하증은 뇌하수체 부종이나 면역 결핍**으로 발생하는 빈도가 높습니다. 특히 환자의 95퍼센트가 여성이며 최근 사회적 문제로 급부상하고 있습니다.

갑상선은 영양을 태워 에너지를 만드는 역할을 하는 중요한 장기입니다. 에너지를 만들려면 여러 가지 미량영양소가 필요하며 이때 가장 크게 쓰이는 것이 **요오드**입니다. 이 영양이 부족하면 갑상선은 에너지를 만들기 위해 몇 배의 노동에 시달려야 합니다.

이러한 현상이 장기화하거나 만성이 되면 갑상선은 무력해지고 이내 저하증을 초래하고 맙니다. 요오드 결핍으로 대사에 어려움을 겪다가 결국 남아 있던 요오드를 모두 써버리면 기초대사까지 떨어지는 악순환에 빠지는데 이것이 바로 갑상선질환입니다. 대개는 항진보다 저하증에 많이 걸립니다.

갑상선을 보호하고 건강하게 유지하려면 필요한 영양을 공급해 원활한 대사를 도와야 합니다.

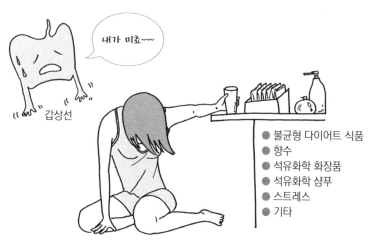

여성의 무리한 다이어트나 짧은 옷, 통제하기 어려운 감정이 갑상선기능을 떨어뜨린다

뼈는 신생아 때 300여 개를 유지하다가 성인이 되면서 서로 융합해 대략 206개를 형성합니다. 이러한 뼈는 몸을 지탱하는 한편 몸속에 혈액, 면역, 세포를 만들어내고 피부의 기초가 되기도 합니다. 아름다운 피부는 튼튼한 뼈를 갖춰야 가능합니다. 뼈가 약한 곳은 피부가 함몰되거나 변색되기 때문입니다.

뼈는 칼슘, 인 같은 무기질이 45퍼센트를 차지하는데 칼슘의 99퍼센트와 인의 90퍼센트가 뼈에 있습니다. 그리고 케라틴 30퍼센트, 히알루론산 같은 유기질이 35퍼센트를 차지하고 있습니다. 그 나머지를 구성하는 것은 단백질과 수분입니다.

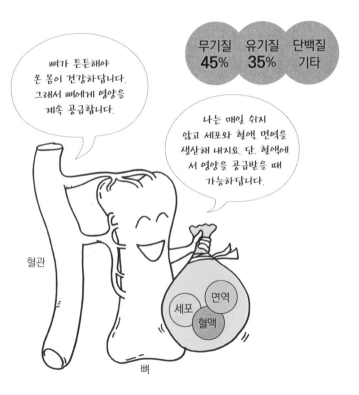

무기질 45% 유기질 35% 단백질 기타

뼈가 튼튼해야 온 몸이 건강하답니다. 그래서 뼈에게 영양을 계속 공급합니다.

나는 매일 쉬지 않고 세포와 혈액, 면역을 생산해 내지요. 단, 혈액에서 영양을 공급받을 때 가능하답니다.

혈관

면역

세포

혈액

뼈

근래 들어 자외선 차단제를 많이 발라 골연화증(骨軟化症, Osteomalacia) 빈도가 높아졌다는 뉴스가 심심찮게 들려옵니다. 이는 구루병(Rickets)으로 뼈의 강도가 약해진 경우를 말합니다. 칼슘보조제를 섭취해도 하루에 약 30분간 햇볕을 직접 쬐지 못하면 발병하는데, 그 원인은 비타민 D 합성이 이뤄지지 않기 때문입니다.

뼈가 약해지면 칼슘대사(Calcium Metabolism)가 어려워집니다. 이 경우 세포 100그램당 약 20밀리그램의 칼슘 농도가 떨어지면서 근육 수축에 문제가 발생하고 신경전달에 어려움이 생겨 건망증이 심해집니다. 칼슘대사의 핵심은 뼈에 있습니다. 뼈가 건강하게 대사해야 몸 전반에 활력이 생기고 생명을 연장할 수 있습니다.

또한 칼슘은 적당량의 지방을 형성하는 데 기여하며 지방을 분해하는 담즙산염 분비를 촉진해 지방대사를 돕습니다.

자가면역질환

면역은 크게 과립구와 림프구로 나뉩니다. 과립구는 몸 안에서 이물질, 곰팡이, 균 그리고 독성으로 비롯된 찌꺼기를 청소합니다. **림프구**는 이보다 더 세밀하고 중대한 **암세포나 바이러스 등에 작용하는 임무**를 맡습니다. 특히 림프구는 가슴샘이라는 흉선(胸腺, Thymus)에서 교육을 받으며 자라나 인체 내에서 면역에 깊이 관여합니다.

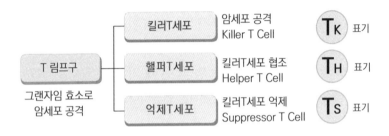

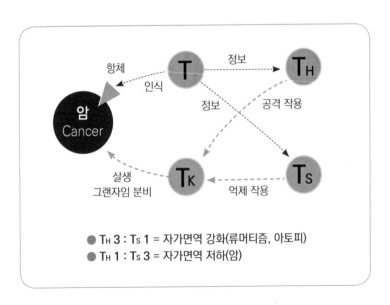

● T_H 3 : T_S 1 = 자가면역 강화(류머티즘, 아토피)
● T_H 1 : T_S 3 = 자가면역 저하(암)

면역은 인체의 모든 곳에서 몸을 지키기 위해 방어하는 역할을 합니다. 그런 까닭에 면역에 문제가 발생하면 많은 질병이 나타납니다. 그 대표적인 질병이 바로 자가면역질환입니다.

몸의 대사에 문제가 발생할 경우 이는 직접적으로 면역에 영향을 미칩니다. 이로 인해 면역이 분별력을 잃으면 인식력이 떨어져 인체를 공격하거나 이물질을 제거하는 능력을 상실하고 맙니다. 그러면 혼란스러워진 몸은 자제력을 잃고 뇌의 명령에 따라서가 아니라 자기 마음대로 움직입니다.

그 결과로 나타나는 것 중 하나가 대표적인 자가면역질환인 대상포진(帶狀疱疹, Herpes Zoster)입니다. 이것은 수두 바이러스에 신경절이 반응하면서 피부에 수포나 발진이 생기는 질병입니다. 심한 통증을 유발하는 대상포진은 휴식과 영양 공급을 통한 신진대사에 그 해결 열쇠가 있습니다.

"

우리는 이성을 갖추고 있지만
음식 앞에서는 충동적인 동물로 변합니다.
만약 충동이 이성을 지배하면
꾀 많은 쥐와 같은 입장에 놓입니다.

"

꾀 많은 쥐의
운명 이야기

꾀 많은 쥐의 운명 이야기

어느 도시에 몹시 가난한 쥐가 살고 있었습니다. 그 쥐는 악취가 나는 하수구 끝자락에 살며 매일 먹을 것을 찾아 분주히 돌아다녔습니다. 하루 종일 아무리 고생하며 돌아다녀도 먹을 것을 찾지 못하면 쥐는 웅크리고 앉아 배고픔과 추위를 견뎌야 하는 처량하고 불쌍한 신세였습니다.

그러던 어느 날 쥐는 우연히 부잣집의 곡식 저장 창고를 발견
했습니다. 창고는 그해 가을에 수확한 곡식으로 가득했습니다.
더 이상 굶주림에 시달리지 않게 된 쥐는 기쁨의 탄성을 내질렀
습니다. 풍요로운 먹거리에다 아늑하기까지 한 장소를 발견하면
서 쥐는 하루아침에 벼락부자처럼 신세가 뒤바뀌었습니다.

창고 안에 가득한 곡식을 자랑하고 싶었던 쥐는 친구들을 초
대해 거창하게 파티를 열었습니다.

"이제 곧 겨울이 올 텐데, 나는 여기서 맛있는 곡식을 배불리
먹으며 따뜻하게 지낼 거야. 친구들아, 겨울이 지난 뒤에 다시
만나자."

그날부터 쥐는 따뜻한 창고 안에서 지내며 온갖 곡식과 음식을 먹어치우기 시작했습니다. 손만 뻗으면 음식이 있으니 쥐는 매일 먹기만 하고 몸은 거의 움직이지 않았습니다. 쥐가 매일 뒹굴뒹굴하며 세월을 보내는 동안 창고 안의 곡식은 점점 줄어들었고 여기저기에 쓰레기와 오물이 들어찼습니다.

어느덧 추운 겨울이 지나고 봄이 다가왔습니다. 밭에 씨를 뿌
릴 시기가 된 것입니다. 겨울 내내 창고 안에서 게으름을 피우며
먹기만 했던 쥐는 문득 따뜻한 바깥세상이 그리워졌습니다.

'좋아, 이제 밖에 나가 봄볕도 쬐고 친구들이 어떻게 지내는지
보러 가보자.'

쥐는 자신이 처음에 들어온 구멍으로 몸을 들이밀었습니다. 한
데 어찌된 일인지 쥐는 한 발짝도 바깥으로 나갈 수 없었습니다.

'응? 뭐지? 구멍이 좁아졌나? 이곳으로 아주 쉽게 들어왔는데 왜 나갈 수 없는 거지?'

쥐는 겨울 내내 꼼짝도 하지 않고 매일 칼로리 높은 음식을 먹는 바람에 뚱뚱해진 것입니다. 신진대사율이 뚝 떨어진 쥐는 온몸이 지방으로 가득 차 버렸습니다. 내장에 기름이 잔뜩 끼면서 그 쥐는 허리둘레가 임신한 쥐처럼 빵빵해졌습니다.

아무리 발버둥을 쳐도 쥐는 바깥으로 나갈 수 없었습니다.

바로 그때 밖에서 창고 주인의 목소리가 들려왔습니다.

"이제 봄이 되었으니 씨앗으로 저장해둔 곡식 창고의 문을 열어라!"

창고 문이 활짝 열린 순간, 창고 주인은 가득했던 곡식이 사라진 자리에 쥐똥과 온갖 쓰레기가 난무하는 현장을 목격했습니다. 머리끝까지 화가 난 주인은 눈을 부라렸고 때마침 오도 가도 못하던 범죄자 쥐와 눈이 딱 마주쳤습니다.

"저 버르장머리 없는 쥐를 당장 잡아 죽여라!"

불호령이 떨어지자마자 여러 명의 장정이 달려들어 몸이 비대해 제대로 뛰지도 못하고 뒤뚱거리는 쥐를 붙잡았습니다. 죽음을 앞두고 억세게 운이 좋았던 쥐는 눈물을 흘리며 후회했습니다.

"적당히 먹고 운동도 꾸준히 할 걸."

신진대사

1판 1쇄 찍음 2017년 1월 23일
1판 4쇄 펴냄 2021년 3월 10일

지 은 이 홍동주
펴 낸 이 배동선
　　　　　 마케팅부/최진균
펴 낸 곳 아름다운사회
출판등록 2008년 1월 15일
등록번호 제2008-1738호
주　　　소 서울시 강동구 성내동 552-6 동해빌딩 303호 (우: 05398)
대표전화 (02)479-0023
팩　　스 (02)479-0537
E-mail assabooks@naver.com

ISBN : 978-89-5793-192-9 03510
값 7,500원